중국 윤리사상 ABC

중국 윤리사상 ABC 중국근현대사상총서 009

초판 1쇄 발행 2020년 5월 20일

지은이 셰푸야
옮긴이 한성구
펴낸이 강수걸
편집장 권경옥
편집 박정은 윤은미 강나래
디자인 권문경 조은비
펴낸곳 산지니
등록 2005년 2월 7일 제333-3370000251002005000001호
주소 부산시 해운대구 수영강변대로 140 BCC 613호
전화 051-504-7070 | 팩스 051-507-7543
홈페이지 www.sanzinibook.com
전자우편 sanzini@sanzinibook.com
블로그 sanzinibook.tistory.com

ISBN 978-89-6545-657-5 94190
978-89-6545-329-1(세트)

* 책값은 뒤표지에 있습니다.
* 이 도서의 국립중앙도서관 출판예정도서목록(CIP)은 서지정보유통지원시스템 홈페이지(http://seoji.nl.go.kr)와 국가자료공동목록시스템(http://www.nl.go.kr/kolisnet)에서 이용하실 수 있습니다.(CIP제어번호: CIP2020017749)

중국근현대사상총서
009

중국 윤리사상 ABC

中國倫理思想ABC

셰푸야 지음 • 한성구 옮김

산지니

일러두기

1. 이 책의 저본은 中華民國 18년(1929) 5월 上海 世界書局에서 출판한 謝扶雅의 『中國倫理思想ABC』이다.
2. 외국어 인명은 해당 국가의 발음을 살려 표기하되, 중국인의 경우 1911년 신해혁명(辛亥革命)을 기준으로 그 이전에 사망한 경우 우리말 발음으로, 이후에 사망한 경우 중국어 발음으로 표기하였다. 예) 孔子 → 공자, 梁啓超 → 량치차오
3. 원저에 인용된 문장 가운데 출전이 잘못 기록된 것은 바로잡았고 누락된 것은 찾아 기록하되 별도로 표시하지는 않았다.
4. 번역서의 각주는 모두 역자주이며, 원주인 경우 저자주로 표시했다.

서문

이 책의 초고는 원래 내가 작년에 링난대학(嶺南大學)에서 강의했던 내용을 기초로 약간의 정리를 거친 후 광저우(廣州)에서 출간했던 책이다. 그런데 초판이 모두 팔려 나갈 즈음 마침 세계서국(世界書局)에서 ABC총서를 발간한다는 소식을 들었다. 총서 발간의 취지에 대단히 동감할 뿐만 아니라 이 책의 분량도 ABC총서에 적합하니 다시 약간의 수정을 거쳐 세계서국에서 출간하려고 한다.

중국 윤리에 관한 책으로는 청말(1910년) 상무인서관(商務印書館)에서 출판한 차이위안페이(蔡元培)의 『중국윤리학사(中國倫理學史)』를 제외하고 최근 20년 동안 이를 잇는 저서가 나오지 않았다. (장종위안(張宗元)과 린커탕(林科棠)이 공역한 일본학자 미우라 도우사쿠(三浦藤作)[1)]의 『중국윤리학사』는 포함하지 않는다.) 이처럼 중국윤리학사의 명맥이 끊어졌다는 것은 실로 우리 학술계의 큰 걱정거리라 할 수 있다. 비록 빈약하고 볼품없는 책이지만 이 방면에 뜻을 둔 사람들의 주의를 환기시키려는 노력임을 알아주길 바랄 뿐이다. 차

1) 미우라 도우사쿠(三浦藤作, 1887~1960). 일본의 윤리학자, 아동문학가.

이위안페이와 미우라가 쓴 두 책은 모두 역사적, 종적인 서술 방법을 취한 데 반해, 이 책은 수평적, 횡적인 서술 방법을 취했다. 이런 형식으로 서술한 까닭은 내가 해외에 머무를 때 외국 학자들이 나에게 중국 윤리의 핵심이 무엇인지 여러 차례 물어봤기 때문이다. 물론 국내에서도 그런 질문을 많이 받았었다. 수천 년의 역사를 가진 방대한 우리 윤리학의 역사에 대해 이방인들이 어려워하는 것은 어찌 보면 당연한 일이다! 그렇지만 외국인들뿐만 아니라 우리 자신조차도 우리나라 윤리사상에 대해 몇 마디 핵심적인 말로 설명하는 것은 쉽지 않다. 이에 대한 최소한의 지식조차 없는 우리는 언제까지 모르는 척만 할 것인가? 언제까지 입에 발린 변명만 할 것인가?

최근 중화민국이 세워진 후 국민정부는 우리의 고유도덕을 회복하기 위해 여러 가지 법령들을 제정했다. 그러나 여기서 말하는 '고유도덕'이란 대체 무엇인가? 찌꺼기인가? 보배인가? 골동품인가? 만병통치약인가? 이에 대한 철저한 연구와 상세한 분석이 선행되지 않고 어떻게 앞으로 나아갈 수 있겠는가? 오늘날 우리나라의 큰 병폐는 극단적인 두 부류의 사람들에게서 기인한다. 한 부류는 사리분별 없이 무조건 국수(國粹)를 보존하자고 주장하는 무리들로 그들은 국수의 모든 것을 신성불가침하다고 여긴다. 다른 한 부류는 겉으로는 엄숙한 척하지만 사실은 허세로 뭉쳐진 급진파들로 그들 역시 과거로부터 내려온 것이라면 전부 뒷간에 가져다 버려야 한다고 주장한다. 나의 입장은 다음과 같다. 어떤 대상이나 문제를 다루기 위해서는 그것이 새것인지 옛것인지, 아름다운지 추한지, 골동품인지 유행품인지 어떠한 선입관도 갖지 않은 상태에서 연구하고 고찰하고 분석하는 등 체계적인 접근이 선행되어야 한다. 그것이 '무엇인지?(what is)'를 분명히 해야만 '마땅히 어떠해야 하는지(what ought to be)'를 논할 수 있는 것이다.

민국 18년(1930) 2월

남화소가산방(南華小佳山房)에서 쓰다

목차

1장

들어가는 말

1. 문제의 중요성

요즘 이런 말을 자주 듣는다. "옛 도덕이 무너진 지 오래되었지만 새 도덕은 아직 만들어지지 않았다." 이러한 도덕 공백 현상은 지금의 세태와 인심이 얼마나 혼란스러운지 잘 보여주고 있는 듯하다. 그러나 그럴듯하게 들리는 이 말을 조금만 자세히 살펴보면 어불성설이라는 것을 알 수 있다. 부모님이 돌아가신 지 한참이 지났는데 아직 아이가 태어나지 않았다는 것은 얼마나 우스꽝스러운 논리인가! 마찬가지로 "옛것이 이미 다 사라졌는데 새로운 것이 아직 나타나지 않았다"는 것이 가능하겠는가? 세상 만물은 시간의 흐름 속에서 조금씩 변해 가는 것으로 그 가운데 절대적인 공백이란 존재하지 않는다. 오늘날 사회와 인심이 이처럼 혼란스럽고 어지러운 까닭은 옛 도덕이 타파되었지만 새 도덕이 아직 정립되지 않은 공백기이기 때문이 아니다. 문제의 본질은 다른 곳에 있다. 옛 사상이 동요하고 있지만 여전히 상당한 권위를 가지고 있다는 것이 하나의 이유이고, 신사상이 왕성하게 쏟아져 나오고는 있지만 대부분 기형적인 형태라서 제대로 뿌리를 내리지 못하고 있다는 것이 다른 하나의 이유이다. 이로 인해 극단적으로 대립하는 두 부류가 세력을 형성하여 조금의 타협도 없이 격렬한 다툼을 벌이고 있는 것이다. 여기서 말하는 두 부류란 누구를 가리키는가?

한 부류는 옛것은 무엇이든 좋고 새것은 무조건 나쁘다고 여겨 새로운 문물과 관념이 들어오는 것을 기필코 막아야 한다고 주장하는 사람들이다.

다른 한 부류는 새것은 무엇이든 좋고 옛것은 모조리 무덤으로 보내져야 한다고 주장하는 사람들이다.

결혼 문제를 예로 들어 보자. 첫 번째 부류에 속하는 사람들은 결혼은 전적으로 부모나 중매쟁이의 뜻에 따라야 하며 삼례(三禮)와 육채(六采)[1]의 법도를 거슬러서는 안 된다고 생각한다. 이에 반해 두 번째 부류의 사람들은 자유연애를 주장한다. 이런 두 부류의 사람들이 같은 사회 속에서 생활한다면 어찌 충돌이 일어나지 않을 수 있겠는가? 그러나 가장 안쓰러운 것은 세 번째 부류인 절충주의자들이다. 그들은 새로운 것을 추구하는 사람들의 비난이 두려워 옛 관념과 제도를 수용하지도 못하고 옛것을 지키려는 사람들의 비웃음이 신경 쓰여 새것을 의연하게 받아들이지도 못한다.

---

1) 삼례(三禮)는 『예기(禮記)』, 『주례(周禮)』, 『의례(儀禮)』를 말하고, 육채(六采)는 천지사방의 여섯 가지 색깔을 말한다.

새것과 옛것 양쪽에 어정쩡하게 한 발씩 걸치고 있으니 어느 한 편의 지지도 얻지 못할 뿐만 아니라 본인도 괴롭다. 수많은 젊은이와 여성들의 비극이 바로 옛것을 따르지도 못하고 새것을 받아들이지도 못하는 데에서 기인하는 것이다.

도덕이 사람을 위해 존재하는 것이지 사람이 도덕을 위해 존재하는 것은 아니다. 사람의 일이란 고정 불변하는 것이 없으니 도덕도 마찬가지다. 시대가 변함에 따라 도덕도 그에 맞춰 변하는 것은 지극히 당연한 일이며 분명한 사실이다. 그렇다면 변화하는 시대에 발맞추어 어떻게 도덕을 개조할 것인가? 이것이 중요한 문제이다. 도덕을 개조하는 데 있어 가장 시급한 일은 기존의 도덕을 분석하고 비판하는 것이다. 이를 위해서는 구체적으로 다음과 같은 사항을 고려해야 한다.

(一) 완전히 폐기해야 할 것은 무엇인가?

(二) 마땅히 고쳐야 할 것은 무엇인가?

(三) 무엇을 보존하고 발전시켜야 하는가?

새로운 도덕이 탄생하기 위해서는 바로 이러한 세 부분에 대한 분석과 비판이 선행되어야 한다. 옛 도덕에 대한 비판적 연구는 새로운 도덕을 건립하는 기초가 된다. 따라서 이 책에서는 전통 윤리사상과 현재의 윤리사상에 대해 아무런 선입관 없이 해부하고 분석한 후 각각의 가치를 헤아려 보고자 한다. 이것이 지금 우리가

해야 할 가장 시급한 일이다.

2. 윤리사상이란 무엇인가

사상은 문제에서 생겨난다. 따라서 문제가 없이는 사상도 없다. (듀이(Dewey)의 학문 방법을 참고하기 바란다. 듀이는 사상의 발전 과정을 논하기 위해서는 반드시 의혹(疑惑) 또는 회의(懷疑)의 태도가 있어야 한다고 말했다.) 윤리사상은 윤리적 문제를 전제로 한다. 윤리적 문제가 없다면 윤리사상도 구성되지 못할 것이다. 정치학이나 사회학, 수학이나 심리학에서 다루는 문제와 비교해 볼 때, 대상과 방법, 영역에서 윤리적 문제는 그것들과 완전히 다르다. '윤리'라는 말은 희랍어로는 ἔθος, 라틴어로는 mores라고 하는데 모두 '관습'의 의미를 갖고 있다. 영어로는 Customs, usages, 한자로는 '倫理'라고 쓰며 인륜(人倫)과 일상[日用]의 규범을 가리킨다. 따라서 기본적으로 윤리학은 사람과 사람 상호 간의 일상행위를 연구하는 학문이라고 할 수 있다.[2] '倫'은 '人'과 '侖'자로 이루어져 있는데, '侖'은 '가

---

2) '倫理'는 『예기(禮記)·악기(樂記)』편에 나오는 말이지만 일본에서 수입된 번역어이기도 하다. 일본의 서양 철학 용어 사전인 『철학자휘(哲學字彙)』(1881)는 'ethics'를 '倫理學'으로 번역하였는데, 이 책의 주 편집자인 이노우에 데츠지로(井上哲次郎, 1855~1944)에 따르면 번역어로서의 '윤리학'은 실천을 위한 것이 아니라 이론을 추구하는 것으로 당위적 행위와 관련된 것이라기보다는 논리적 탐구의 학문이라는 의미가 강하다는 것을 알 수 있다.

지런하다', '질서 있다'는 의미가 있다. 사람은 살아가면서 불가피하게 다른 사람들과 접촉(Contact)하게 되고, 여기서 행위(Conduct)가 발생한다. 가정에서의 접촉은 부모 자식 간이나 부부 사이의 행위를 만들어 낸다. 학교에서의 접촉은 동기나 사제, 혹은 친구 사이의 행위를 만들어 낸다. 사회, 국가, 세계에서의 접촉은 동료나 시민, 세계시민으로서의 행위를 만들어 낸다. 이런 행위들은 하루도 없는 날이 없다. 왜냐하면 아리스토텔레스의 말을 빌리자면 사람은 사회적 동물이기 때문이다. 행위는 일상적인 것이기 때문에 윤상(倫常)이라 부른다. 윤상은 도덕적 의미를 갖고 있다. 듀이와 터프츠(Tufts)의 공저 『윤리학(Ethics)』에서는 윤리학에 대해 다음과 같이 정의 내리고 있다. "윤리학은 도덕행위를 탐구하는 과학이다." 일반적으로 윤리학에서 말하는 '행위'는 도덕적 행위를 가리킨다. 도덕적 행위에 속하지 않는 것은 행동 또는 동작이라고 불린다. 행위는 반드시 ① 내부의 목적과 ② 외부의 동작이라는 두 측면이 결합되어 나오는 것이다. 만약 내부 목적만을 연구 대상으로 삼는다면 그것은 심리학의 문제이지 윤리적 문제는 아니다. 애정과 욕심, 치정, 바람 등이 여기에 속한다. 만약 외부 동작만 따진다면 경제학(밥 먹는 것), 법학(재물을 탐내다, 목숨을 해치다), 정치학(폭동), 사회학(결혼, 출산, 장례 등)의 연구 대상으로 이 또한 윤리적 문제는 아니다. 그러나 내부와 외부가 결합되면 목적이 있는 동작이 나오게 되는데 이것이 곧 행위이며 행위는 윤리적 문제의 대상이 된다. 예를 들면, 여학생과 사랑에 빠져 조강지처를 버린다든지, 백성을 도탄에서 구하기 위해 혁명을 일으킨다든지 하는 것들이다. 사람들은 윤리적 문제에 대해 '좋다'라든가 '틀렸다', 혹은 '칭찬할 만하다', '비난해야 한다'는 등의 윤리적 판단(Ethical judgment)을 한다. 이것을 좀 더 구체화시켜 보면 다음과 같이 정리할 수 있다.

질문	문제	구분
무엇을 좋다고 하고 무엇을 좋지 않다고 하는가? 선은 무엇이고 악은 무엇인가?	도덕본질문제	(A) 윤리적 원리 문제
사람은 어떻게 선악을 분별할 줄 아는가? 선천적으로 아는 것인가, 아니면 배워서 아는 것인가?	도덕의식문제	
어째서 선은 당위이며, 악은 당위가 아닌가? 이익이 되기 때문에 하고 이익이 되지 않아서 하지 않는 것인가? 선하기 때문에 하고 악하기 때문에 하지 않는 것인가?	도덕표준문제	
어떤 사람이 완전한 사람이며, 인생의 목적은 무엇인가? 자식을 위해 마땅히 어떻게 해야 하는가? 국민을 위해 마땅히 어떻게 해야 하는가?	이상인격문제	(B) 윤리적 실천 문제
인생의 목표를 달성해서 이상적이고 완전한 인간이 되려면 어떻게 자신의 의무를 다해야 하는가?	의무문제	
사람을 어떻게 대해야 하는가? 앞에서 말한 의무를 어떻게 다하고 완성해야 하는가?	덕의 문제	

위에서 열거한 각종 윤리적 문제에 대한 성찰을 통해 그에 대한 해답을 도출하고자 하는 것이 바로 윤리사상이다. 윤리사상은 윤리적 문제에서 발생하며 윤리적 문제는 환경의 차이에 따라 달라진다. 따라서 서양 사람에게는 서양 사람의 윤리사상이 있고 인

도 사람에게는 인도 사람의 윤리사상이 있으며 중국 사람에게는 중국 민족의 윤리사상이 있다.(예를 들면 남녀 간의 교제가 서양에서는 윤리적 문제가 된 적이 없지만 중국에서는 중요한 문제로 다뤄진다.)

3. 중국 윤리사상의 특징과 변천

도덕은 인위적인 것이지 하늘이 정한 것이 아니다. 이는 대다수의 현대 윤리학자들이 동의하는 결론이다. 도덕이 하늘에서 왔다는 주장은 고대의 권력자들이 자신들의 지위를 유지하기 위해 만들어 낸 말이다. 원시 시대의 추장은 부족을 다스리기 위해 몇 가지 규칙을 만들어 냈다. 그러나 그것만으로는 부족함을 느꼈기 때문에 천명(天命)과 신의(神意)를 내세워 원시인들의 마음을 미혹시킨 것이다. 『서경(書經)』에서 말하고 있는 "하늘이 우에게 홍범구주를 내렸다(天乃錫禹洪範九疇)"라는 것이 바로 그런 예이다. 또한 이스라엘의 모세가 계율을 만든 뒤 그것이 여호와 하나님이 그에게 내려준 것이라고 한 것도 비슷한 경우이다. 도덕은 인위적인 성격의 것이다. 환경이 다르면 도덕도 다르고, 시대가 변하면 도덕도 자연스럽게 변하는 것이다. 따라서 중국인의 도덕관념이 어디서 기원했고 어떻게 변화·발전해 내려왔는지를 알려면 중국의 환경과 시대의 변화과정을 봐야 한다. 한족(漢族)은 원래 고비 사막과 신장(新疆) 일대에서 생활했었다(屠孝實, 『國故論叢』「漢族西來考證」 參

考). 극한과 혹서(酷暑)의 기후, 농경이 불가능할 정도의 척박한 토지, 농민과 사인(士人)들의 끊임없는 마찰은 당시 중국인이 처해 있던 상황을 잘 말해 준다. 갠지스강 유역에 거주하며 물산이 풍부했던 인도 민족과 수려한 산수의 에게 해를 끼고 있었던 그리스 민족과 비교해 보면 중국인의 근면성과 강한 생존력이 어디서 기원했는지 쉽게 이해할 수 있다. 인도 사람들이 중시한 명상이나 그리스인들의 예술에 대한 사랑 같은 것은 감히 생각할 수도 없었다. 이런 환경적 요인으로 인해 중국인의 도덕은 일찍이 실천성과 현실성을 갖추게 되었으며, 이런 특징은 요순(堯舜)시대와 하은주(夏殷周) 삼대를 거치며 유가 사상으로 이어져 중국 윤리의 정통이 되었다. 주(周)나라 말기에 흥성한 제자백가 가운데 중국인들의 정서에 가장 잘 들어맞은 것은 도가 사상이었다. 정통파인 유가 윤리를 혁파하고 그 지위를 대체하지는 못했지만 유가 사상에 신선한 피를 수혈해 주었다는 점만은 부정할 수 없는 사실이다. 위진 남북조시기에 불교가 전래됨으로써 잠시나마 신구(新舊) 윤리는 평형을 유지하게 되었다. 불교의 출세간(出世間) 사상이나 좌선(坐禪) 방법 등은 중국인의 정서와 맞지 않았지만, 불교의 일부 사상들은 점차 중국 고유 사상 속으로 흡수되어 융화되었다. 현재 물밀듯이 밀려들고 있는 서양 윤리도 중국의 전통 도덕과 마찰을 일으키고 있지만, 어떤 부분은 이미 중국 신 윤리의 일부분이 되었다. 중국 윤리사상의 변천 과정을 정리해 보면 다음과 같다.

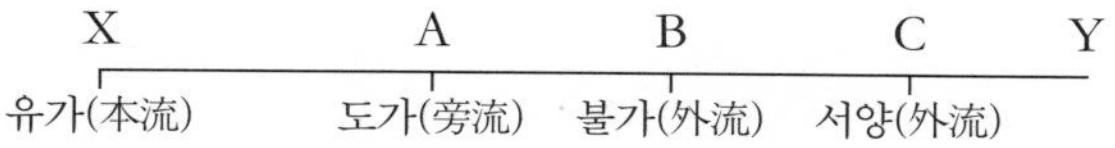

XY=중국 고유의 윤리사상

A=도가의 영향을 받음

B=불교의 영향을 받음

C=서구의 영향을 받음

A: 명리(名利)를 가벼이 여기고, 유유자적하며 고상한 삶을 추구한다. 어떤 권위에도 굴복하지 않고, 어떤 지위도 부러워하지 않는다. 여기서 도가 윤리 사상이 유래했는데 비굴하지도 않고 오만하지도 않은 유교의 중도(中道) 사상과는 다른 것이다.

B: 정좌주경(靜坐主敬), 고행수행(苦行修行, Asceticism) 등은 모두 불교에서 유래했다. 이는 유교의 현실주의 윤리관과 상당한 차이가 있다.

C: 원래 중국에서 여자는 규방(閨房) 밖을 나설 수 없었지만, 오늘날은 남녀가 같은 공간에서 공부할 뿐만 아니라 여성의 사회적 지위도 확연히 달라졌다.

중국 윤리사상은 시대를 거치면서 많은 부분이 바뀌었지만 윤리의 근본은 거의 변하지 않았다. 미래에 중국이 다른 민족에게 강점되어 철저한 종족혁명을 거쳐 그들과 동화되거나 중국인이 중국 영토 밖으로 전부 옮겨가지 않는 한 윤리의 근본은 영원히 사라지지 않을 것이다. 그렇다면 여기서 말하는 윤리의 근본이란 무엇인가? 다음의 세 가지로 요약될 수 있다.

1. 실천주의(신비적이거나 이론적이지 않은 것. Non-mystical, Non-theoretical)
2. 가족 중심주의(비개인주의)
3. 수양 방법(삶의 본질에 대해 적게 논하는 것)

2장

중국 윤리사상의 기본 개념

제1절

천(天)

1. 천의 개념

유구한 역사를 통해 볼 때, '천'은 중국인들에게 보편적으로 영향을 미쳤을 뿐만 아니라 엄청난 권위를 갖고 있는 존재였다. 중요한 일이 있을 때나 진실한 감정을 드러낼 때도 항상 천의 존재를 언급했다. '사람이 곤궁한 지경에 처하면 천을 부른다(人窮則呼天)', '천이 죽인 것이다!(天殺的!)', '천은 아신다!(天知道啊!)', '천은 착한 사람을 버리지 않으신다(皇天不負善心人)'는 말 등이 바로 그 예이다. 그러나 중국인의 마음속에 있는 천은 서양의 God과 다른 개념이다. 서양의 God은 줄곧 인격적 존재로 여겨져 왔다. 중국의 천도 처음에는 인격적 존재의 의미가 있었지만, 후대로 오면서 이런 관념은 사라지고 추상적 의미만이 남게 되었다. 그렇다면 '천' 관념은 어디서 기원한 것일까?

중국인의 터전은 바다에서 멀리 떨어져 있는 서북(西北)의 대평원으로 높은 산이나 우거진 수풀은 구경도 할 수 없는 곳이었다. 이곳에서 볼 수 있는 것이라고는 창창한 하늘뿐이었다. 이런 환경 속에서 총명한 지도자 복희(伏羲)는 문자를 창제했다. 먼저 끝없이 아득하게 펼쳐진 하늘의 형태를 본떠서 '一'로 '하늘(天)'을 나타냈다. 다음으로 하늘과 마찬가지로 끝없이 펼쳐져 있지만 움푹 들어가 강을 이룬 곳이 있는 '땅(地)'을 '--'로 표시했다. 신화시대에 천은 위대한 인물로 비유되어 상제(上帝)라는 명칭으로 불렸다. 『시경(詩經)』에 보면 "상제께서 문왕께 말씀하시기를(帝謂文王…)", "상제께서 명을 내리시어(上帝旣命…)"라는 등의 말이 많이 나온다. 그러나 시간이 흘러 사람들의 지적 수준이 높아지면서 이러한 신인동형관(神人同形觀, Anthropomorphism)은 사라지고 '천'을 '지고무상(至高無上)하면서 유일하고 무궁한(The Unique Greatness)' 존재로 여기는 관념이 나오게 되었다. 이런 변화는 『설문해자(說文解字)』를 봐도 잘 알 수 있는데, 책에서는 천을 위대하고 완전한 품덕(品德)으로 해석하고 있다.(혹은 품격(Character)이라고도 할 수도 있는데, 이것은 인격(Personality)과는 다른 것이다.) 이 외에도 천이 등장하는 문장으로 다음과 같은 것들이 있다.

大哉堯之爲君, 唯天爲大, 唯堯則之. 『論語 · 泰伯』
위대하도다! 요께서 임금이 되셨으니, 오직 하늘만이 그렇게 크거늘, 오직 요께서 하늘을 본받으셨다.(공자가 요의 덕을 칭송함)

夫子之不可及也, 猶天之不可階而升也. 『論語 · 子張』

선생님께 미치지 못하는 것은 하늘에 사다리를 놓고 올라가지 못하는 것과 같다.(자공이 공자의 덕을 칭송함)

人之行莫大於孝. 孝莫大於嚴父, 嚴父莫大於配天. 『孝經 · 聖治章』

사람의 행실 중에 효보다 큰 것은 없다. 효에 있어서는 아버지를 존경하는 것보다 더 큰 것이 없고, 아버지를 존경하는 데 있어서는 하늘을 소중히 여기는 것보다 더 큰 것이 없다.(증자가 아버지의 덕을 칭송함)

결론적으로 말하자면, 이렇게 변화된 '천' 개념은 완전한 덕의 상징으로서의 의미를 갖게 되었는데, 이는 물질적이거나 인격화된 관념과는 거리가 먼 것이다.

2. 천의 작용

(1) 생성작용

사람과 만물은 모두 천이 만들어 냈다.

大哉乾元, 萬物資始. 『易 · 乾卦』

크도다 건원이여, 만물이 여기서 비롯되도다.

天生烝民, 有物有則. 『詩 · 大雅』

하늘이 백성을 낳으시고 사물에 법칙이 있게 하셨네.

天者萬物之祖, 萬物非天不生. 『董仲舒 · 春秋繁露』

하늘은 만물의 조상이니, 만물은 하늘이 내지 않은 것이 없다.

천이 어떻게 만물과 인류를 낳았다는 말인가? 천이 기(氣)를 불어넣어 주었기 때문이다. 원시인들은 생명체의 호흡 현상에 대해 경이로움을 갖고 있었는데, 이로부터 '기'에 대한 관념이 생겨났다. 끊임없이 변화하는 우주, 즉 하늘로부터 기가 내려왔고 견고한 땅에서 형체가 비롯되었다. 땅은 고정불변하며, 하늘은 변화무쌍하다. 하늘로부터 부여받은 기의 후박청탁(厚薄淸濁)에 따라 동식물과 광물, 인류 지능의 분별이 생겼다. 기는 만물과 인류의 영혼이다. 사람은 하늘로부터 가장 맑은 기를 품수(稟受)해 만물의 영장이 되었다. 그러나 천이 기를 부여했다고 해서 인간의 운명까지 정해준 것은 아니다. 하늘은 생(生)을 조절하고 통제할 수 있는 권위를 가지고 있지만, 기의 선하고 악함은 인간의 자발적인 수양에 달린 것이다.

(2) 섭리작용

황제가 감정대로 백성들을 통치하거나 마음대로 상벌을 행하지 않는 것이 천의 섭리이다. 앞 장에서 말했듯이 천은 품격은 있지만 인격은 없다. 우주 전체가 가야 할 정해진 목적은 없으며 단지 사람의 행위가 어떠한지에 따라 베풀고 거둘 뿐이다. "하늘의 도는 착한 사람에게 복을 내리고 악을 행하는 사람에게 재앙을 내린다(天道福善禍淫.『書經 · 湯誥』).", "하늘의 도는 사사로이 친함이 없으며 늘 선한 이들에게 자비를 베푼다(天道無親常與善人.『書經 · 湯誥』)." 비록 천이 만민에게 상벌과 화복을 내린다고는 하지만 실제로는 입헌군주제처럼 아무런 실권이 없다. 이런 의미에서 천을 은행원에 비유할 수 있다. 은행원은 고객이 제시하는 수표 금액에 맞춰서 현금을 내준다. 수표 위의 액수는 개인이 성취한 결과로 오백이 적혀 있으면 은행은 오백을 내줄 것이며, 천이 적혀 있다면 은행은 천을 내줄 것이다. 하늘도 마찬가지라서 그것을 마음대로 정하지 못한다. "선을 쌓는 집안에는 반드시 경사가 있으며, 선을 쌓지 않는 집안에는 반드시 재앙이 있다(積善之家必有餘慶, 積不善之家必有餘殃.『易 · 乾卦』)." 하늘의 섭리는 일종의 배서권(背書權, Endorsement)과 같다. 임의로 내용을 빼거나 추가할 수 없고 마음대로 누구를 편애하거나 증오할 수도 없다. 이런 측면에서 보자면 하늘도 자연법칙의 지배를 받는다. 섭리작용이란 자연법칙의 집행권이지 자연법칙의 입법권이 아니다. 그렇다면 자연법칙은 누가 만들었는가? 깊이 천착(穿鑿)하는 것을 싫어하고 실천을 중시하는 중국인들은 자연법칙이 대체로 천보다 앞서 존재한다고 여겼다. 천 역시도 자연법칙에 따라 움직이는 것이다. "천지의 운행이 순리에 따르기 때문에 일월이 어긋나지 않고 사시의 운행에 차질이 없다(天地以順動, 故日月不過而四時不忒. 『易 · 豫卦』)", "군자는 줄고 불어나며 차고 비는 천도의 운행을 숭상한다(君子尙消息盈虛, 天行也. 『易 · 剝卦』)", "하늘의 그물이 넓고 성글지만 빠뜨리지 않는다(天網恢恢, 疏而不漏. 『道德經』 73장)", "하늘이 만물을 펼침에 법칙을 두시니 다섯 가지 법칙을 바르게 또 도탑게 하시며, 하늘이 질서를 만드시고 예를 두시니 다섯 가지 복색으로 다섯 가지 등급을 나타내게 하셨다(天敍有典, 五典五惇哉! 天秩有禮, 五服五章哉. 『書經 · 皐陶謨』)." 중국인의 성격은 대체로 낙관적이며 세계는 공평하고 질서 있는 곳이라 생각했다. 세상사를 관장하는 천은 대단히 올곧고 이법(理法)에 따라 운행하는 존재로 사람이 선을 행한다면 하늘이 그것을 모를 리 없다. 따라서 선을 열 번 행하면 열 차례의 보답을 받게 되고 선을 백 번 행하면 백 차례의 보답을 받는 것은 분명하다. 천은 절대로 사람을 편애하지 않는다.

民之所欲, 天必從之. 『書經 · 泰誓上』
백성이 바라는 바를 하늘은 반드시 따른다.

天視自我民視, 天聽自我民聽. 『書經 · 泰誓中』

하늘은 우리 백성이 보는 것을 통해 보고 우리 백성이 듣는 것을 통해 듣는다.

사마천(司馬遷)은 비록 "천도가 옳은 것인가 그른 것인가(天道是耶非耶. 『史記 · 伯夷列傳』)"라며 의심하기도 했지만, 이것은 일종의 문학적 푸념으로 사상가나 일반인의 보편적 관념을 대표하는 것은 아니다.

3. 천인감응(天人感應)

사람은 하늘의 기운을 받아 태어났으니 자연히 천과 가장 밀접한 관계가 있다. 따라서 사람의 몸과 마음에 어떤 변화가 생기면 이로 인해 하늘에도 변화가 발생한다. 가뭄이 크게 들거나 감로(甘露, 천하가 태평하면 하늘에서 좋은 징조로 내린다는 단맛이 나는 이슬-역자 주)가 내리거나 혜성이 나타나거나 궂은비가 내리는 것은 모두 인간세상의 선악과 깊은 연관이 있다.

和氣致祥, 乖氣致異. 『漢書 · 劉向傳』
조화로운 기운은 상서로움을 불러오고, 괴이한 기운은 변고를 불러온다.

禍福無門惟人自召, 善惡之報如影隨形. 『太上感應篇』
화복은 나오는 문이 따로 있는 것이 아니라 사람이 스스로 자초하는 것이니 선악과 응보는 그림자가 형상을 따르는 것과 같다.

여기서 알 수 있듯이 사람은 소우주이고 천은 사람의 확대판이다. 한(漢)대 회남자(淮南子)의 천인생리심리학(天人生理心理學)은 바로 이러한 이치를 발전시킨 것이다. 그는 말했다.

天有四時五行九解三百六十日, 人有四肢五臟九竅三百六十節. 『淮南子 · 精神訓』
하늘에는 사시 오행 구해 삼백 육십 일이 있고, 사람에게는 사지 오장 구규 삼백 육십 관절이 있다.

天有風雨寒暑, 人有取予喜怒. 『淮南子 · 精神訓』
하늘에는 바람과 비와 추위와 더위가 있고, 사람에게는 받는 것과 주는 것 기쁨과 노함이 있다.

膽爲雲, 肺爲氣, 脾爲風, 腎爲雨, 肝爲雷. 『淮南子 · 精神訓』
쓸개는 구름이고 폐는 기, 비장은 바람이고 신장은 비, 간은 천둥이다.

송명(宋明) 이학자들은 특히 천인감응설(天人感應說)을 신봉했는데, 그들은 다음과 같이 말했다.

人之神, 卽天地之神.

사람의 신령스러움은 곧 천지의 신령스러움이다. -소강절(邵康節)

民吾同胞, 物吾同與.

사람들은 나의 동포요, 만물은 나와 같이 어우러진 존재이다. -장횡거(張橫渠)

一人之心, 卽天地之心. 一物之理, 卽萬物之理.

한 사람의 마음은 천지의 마음이요, 한 사물의 도리는 만물의 도리이다. -정이천(程伊川)

人人有一太極, 物物有一太極.

사람마다 하나씩의 태극이 있고 사물마다 하나씩의 태극이 있다. -주희(朱熹)

宇宙便是吾心, 吾心卽是宇宙.

우주는 곧 내 마음이요, 내 마음이 곧 우주다. -육상산(陸象山)

天者, 吾性之象.

하늘은 내 성이 본받은 상이다. -양자호(揚慈湖)

人之良知, 就是草木瓦石的良知.

사람의 양지는 바로 초목 기와의 양지다. -왕양명(王陽明)

위의 말들은 모두 하늘과 사람이 서로 감응하고 통하는 존재이지 절대 적대적인 관계가 아니라는 의미를 담고 있다. 천인감응론의 원류를 찾기 위해서는 복희(伏羲)씨의 팔괘(八卦)까지 거슬러 올라가야 한다. —은 '천(하늘)'을 상징하고 남성성을 의미한다. --는 '지(땅)'를 상징하고 동시에 여성성을 의미한다. 자연계와 인간 세계는 긴밀한 관계를 맺고 있다. 『주역(周易) · 계사전(繫辭傳)』에는 다음과 같은 구절이 나온다.

古者包犧氏之王天下也, 仰則觀象於天, 俯則觀法於地, 觀鳥數之文, 與地之宜, 近取諸身, 遠取諸物, 於是始作八卦, 以通神命之德, 以類萬物之情.

옛날 포희씨가 세상에 왕을 할 때에, 우러러서는 하늘의 형상을 보고, 구부려서는 땅의 법을 보며, 새와 짐승의 무늬와 땅의 마땅함을 보며, 가까이는 몸에서 취하고 멀리는 물건에서 취하여, 이에 비로소 팔괘를 지음으로써 신명의 덕으로 만물의 실정을 아우르셨다.

그 후에 신농(神農)과 헌원(軒轅) 등이 하늘의 상[天象]을 보고 각종 기물(器物)과 제도를 만들어 냈다. 몇 가지 예를 들어보자. 먼저 농기구는 손괘(巽卦)와 진괘(震卦)가 위아래로 합쳐져 있는 풍

뢰익(風雷益, ䷩ 42)괘로 표시되는데 여기서 손괘는 나무, 진괘는 번개(움직임)를 뜻한다. 따라서 위는 나무, 아래는 움직임의 의미를 담고 있는 상을 가져다 쟁기와 같은 농기구를 만들었다. 다음은 배. 배는 손괘와 감괘(坎卦)가 합쳐진 풍수환(風水渙, ䷺ 59)괘로 손괘는 나무, 감괘는 물을 의미한다. 나무가 물 위에 있는 형국이라 이것은 배가 가는 상을 나타낸다고 할 수 있다. 아동교육은 간괘(艮卦)와 감괘가 합쳐진 산수몽(山水蒙, ䷃ 4)괘로 간괘는 산을, 감괘는 물을 의미한다. 산 아래의 물은 원천을 의미하여 인격 형성의 출발점, 즉 몽양(蒙養)을 나타낸다고 할 수 있다. 휴식은 곤괘와 진괘(震卦)가 합쳐진 지뢰복(地雷復, ䷗ 24)괘로 곤괘는 땅, 진괘는 천둥을 의미한다. 천둥이 땅 속에 있으니 동면(冬眠)이나 휴지(休止)의 뜻을 가지며 휴가나 폐시(閉市) 등을 의미한다. 즉 "장사꾼과 나그네가 다니지 아니하며, 제후가 지방을 살피지 아니한다(商旅不行, 后不省方)"는 것이 바로 이를 말하는 것이다. 이처럼 인간 세상의 일과 제도를 정함에 있어 자연으로부터 의미를 취하지 않은 것이 없다. 따라서 "하늘이 만물을 내고 땅이 기르고 성인이 이룬다. 공덕이 참합하여 도술이 생겨난다(天生萬物, 地以養之, 聖人成之. 功德參合而生道術. -陸賈『新語』)"고 한 것이다. 낳고 기르는 것은 자연이 하는 것이고 이루는 것은 사람이 하는 것이다. --- 가법(家法), 혼제(婚制), 제사, 예악형정(禮樂刑政) …… 어느 하나 하늘의 상을 본떠서 만들지 않은 것이 없으니 이것이 바로 공덕참합(功德參合)이다. 인간 세상이 예사롭지 않으면 하늘도 마찬가지로 예사롭지 않다. 따라서 "제나라 여자가 한을 품으면 삼 년 동안 비가 오지 않고 추연이 옥에 갇히니 유월에도 서리가 내린다(齊婦含寃, 三年不雨, 鄒衍下獄, 六月飛霜. 『幼學瓊林 · 天時』)"고 한 것이다. 봄에 써 붙이는 춘련(春聯)[1]을 한번 보라. '風調雨順(비바람이 순조롭다)'과 '國泰民安(나라가 태평하고 백성들의 생활이 편안하다)'이라는 대구가 얼마나 잘 어우러지는가! 하늘은 사람의 행위와 마음을 거울과 같이 비추며 생생불식(生生不息)하니 분명 인류 도덕을 지배하는 거대한 힘이다.

불교가 중국에 전래되고 나서 "하늘의 그물은 넓고 성글지만(어느 하나) 빠뜨리지 않는다(天網恢恢, 疏而不漏)"는 고유 관념이 특히 더 농후해졌다. 사람들은 불교의 삼세인과설(三世因果說)에 큰 관심을 보였다. "전생의 업(業, 因)은 현생의 보(報, 果)가 어떠한지를 보면 알 수 있다. 내세의 업을 알고 싶으면 현세에서 행하는 것이 어떠한지를 보면 알 수 있다(欲知前世因, 今生受者是. 欲知來世因, 今生作者是)." 업(業)과 인(因)과 고(苦)와 과(果)가 견고하게 연결되어 영원히 윤회하니 해탈은 쉽지 않다. 천재(天災)나 인화(人禍)는 모두 악한 행위[惡行]와 악한 생각[惡念]의 '업보(業報)'이다.

천문학과 지질학, 생물학, 의학 등 서양 과학이 발전함에 따라 과거에 중국인이 "천상(天象)을 보고 길흉을 예측"할 때 중시하던 수재, 가뭄, 범람, 산사태, 지진, 병충해, 전염병 등 자연재해(Natural

1) 입춘(立春)에 문이나 기둥 따위에 써 붙이는 글씨.

evils)는 인간사와 완전히 무관한 것으로 밝혀졌으며 이로 인해 '천'의 권위도 추락하게 되었다. 그러자 '천'이라는 요지경이 이미 깨어졌다고 생각한 일부 교활한 사람들이 더 이상 하늘을 두려워하지 않고 멋대로 악을 행하기 시작했다. 또 다른 측면에서는 위생학(衛生學)과 사회학 등이 발전함에 따라 새로운 도덕—침을 뱉어서는 안 된다. 성매매를 해서는 안 된다는 등의 위생학, 사회학적 도덕—이 생겨났지만 사람들에게 큰 영향을 미치지는 못했다. 이처럼 현재는 과학 지식의 보급이 미미하고 관습과 옛 도덕의 기능이 거의 상실된 과도기이다. 서양에서 말하는 God은 지나치게 서구적인 개념이라 중국인의 비위에 맞지 않기 때문에 중국의 '천'을 대체하기는 힘들 것이다. 따라서 임시방편으로 '천'이라는 고루한 명사는 그대로 두고 과학 원리에 부합하는 새로운 의미를 부여함으로써 계속해서 사람들의 마음과 행위를 지배하려 시도하고 있다. 그러나 이 낡고 오래된 명사에 어떻게 새로운 의미를 부여한다는 것일까? 이것은 매우 어려운 문제로 '쓸데없는 것'을 갖고 헛수고 하는 것은 아닐는지 모르겠다.

제2절

도(道)

1. 도의 의의

'道'라는 글자는 삼천여 년에 걸쳐 중국인의 마음을 지배해 왔는데 그 기원은 훨씬 오래전으로 거슬러 올라간다. 중국인에게 '도'는 만고불변의 절대 표준과도 같다. '도'란 무엇인가? 『주역 · 계사전』과 「설괘전(說卦傳)」에 다음과 같은 글이 나온다.

> 一陰一陽之謂道. …… 立天之道, 曰陰與陽. 立地之道, 曰柔與剛. 立人之道, 曰仁與義.
>
> 한 번 양하고 한 번 음하는 것을 도라 한다. …… 하늘의 도를 세워 음과 양이라 하고, 땅의 도를 세워 유와 강이라 하고, 사람의 도를 세워 인과 의라 한다.

여기서 볼 때, 도는 두 가지 상반된 요소의 원만한 조화와 균형을 기본으로 하는 현묘한 활동이라 할 수 있다. 균형(Balance)과 조화(Harmony)는 평소 중국인들이 가장 동경하고 찬미하던 이상적 상태이다. 일상생활은 전부 이런 이상의 표현이 아닌 것이 없다. (쌍으로 만드는 문이나 거실에 붙이는 대련, 연회상에 올리는 음식 가짓수, 제사상의 촛불, 문학에서의 원앙문(鴛鴦文)과 사륙변려체(四六騈儷體), 희극에서의 재자가인(才子佳人) 등이 대표적인 예이다.) 도의 기원은 한족이 처음 서북쪽에서 생활할 때로 거슬러 올라간다. 당시 사람들이 일상생활에서 가장 인상 깊게 느꼈던 것은 머리 위로 무한하게 펼쳐진 푸른 하늘과 발 딛고 있는 드넓은 대지였다. 따라서 앞에서도 말했듯이 문자의 시작은 —(천)과 --(땅)이었다. 그다음으로 사람들이 관심을 가졌던 것은 남녀의 화합과 생식작용이다. 중국인의 본성은 실천적이고 현세적이며 공리적이었기 때문에 자손을 많이 낳아 만대(萬代)에 번성시키는 것을 최고로 가치 있는 일로 여겼다. 화봉인(華封人)[1]은 요제(堯帝)에게 축원을 올리며 다음과 같이 말했다.

> 願使聖人壽, 使聖人富, 使聖人多男子. 『莊子 · 外篇 · 天地』
> 장수를 누리시고 부를 쌓으시고 아들을 많이 낳길 기원합니다.

이런 일정일반(一正一反)의 조화는 중국인의 마음속에서 유일

1) 옛날 '화(華)'라는 땅을 지키던 사람.

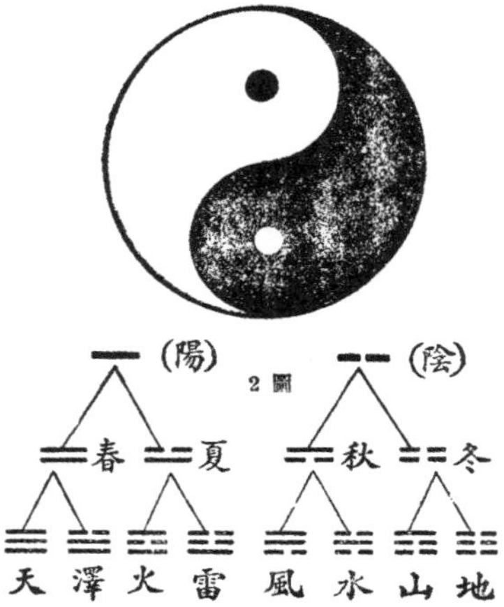

한 이상이었다. 세계의 본체는 대칭이면서 조화를 이루는 태극도(太極圖)로 표현된다. “양의가 사상을 낳고 사상은 팔괘를 낳는다(兩儀生四象, 四象生八卦. 『周易 · 繫辭傳』).” 이 얼마나 평형을 중시하는 예시인가!

이처럼 도의 의미는 절대적 중화(中和)이며, 그 속성은 지극한 진, 지극한 선, 지극한 미이다.

2. 도의 드러남

도의 드러남이라는 문제에 대해 유가와 도가는 서로 다른 견해를 갖고 있다. 유가는 도가 오직 ‘천’과 ‘성인’ 가운데에서만 완전히 드러날 수 있다고 보는 반면, 극단적 낙천주의자인 도가는 도란 어디든 존재하는 것이라 생각한다. 따라서 도가 드러나는 범위의 측면에서 보면 도가가 유가보다 훨씬 넓다. 노자(老子)는 도를 설명하면서 "홀로 존재하며 바뀌지 않고, 모든 것에 두루 행하여지면서도 위태롭지 않다(獨立而不改, 周行而不殆. 『道德經』 25장)"라고 했다. 장자(莊子)는 다음과 같이 말했다.

> 汝唯莫必, 無乎逃物, 至道若是, 大言亦然, 周遍咸三者, 異名同實, 其指一也. 『莊子 · 外篇 · 知北遊』
> 그대는 도가 어디에 있다고 한정해서는 아니 되오. 또한 도가 사물을 초월한 것이라 여겨서도 아니 되오. 지극한 도라는 것은 이와 같으며, 위대한 가르침 역시 마찬가지입니다. 두루, 언제나, 모두 이 세 가지 말은 도를 표현하는 다른 이름일 뿐, 가리키는 것은 한 가지입니다.

다음의 대화에서 도가의 이런 특징을 더욱 분명하게 볼 수 있다.

> 東郭子問於莊子曰, "所謂道, 惡乎在?"
> 莊子曰, "無所不在."
> 東郭子曰, "期而後可."
> 莊子曰, "在螻蟻."
> 曰, "何其下邪?"

曰, "在稊稗."

曰, "何其愈下邪?"

曰, "在瓦甓."

曰, "何其愈甚邪?"

曰, "在屎溺." 『莊子 · 外篇 · 知北遊』

어느 날, 동곽자가 장자에게 물었다. "도라는 것은 도대체 무엇입니까?"

장자가 대답했다. "도라는 것은 존재하지 않는 곳이 없는 것이오."

동곽자가 다시 물었다. "대체 어떤 곳에 있는지, 구체적인 예를 들어 말씀해 주신다면 좋겠습니다."

"땅강아지나 개미에게도 있소."

"어떻게 그렇게 낮은 것들에게 있습니까?"

"돌피 열매나 피에도 있소."

"어째서 그렇게 점점 낮아집니까?"

"기와나 벽돌에도 있소."

"어째서 그렇게 더 심하게 내려가십니까?"

"똥이나 오줌에도 있소."

도가의 입장에서 볼 때, 도는 동물, 식물, 광물 등을 포함하는 물질계와 액체, 기체, 고체를 비롯한 모든 상태의 물질에 존재한다. 그러나 유가는 도가 아무 곳에서나 드러나는 것이 아니라고 생각한다. "성에 따르는 것을 도라고 한다(率性之謂道. 『中庸』 1장)."

즉 본성에 따르지 않으면 도가 아닌 것이다. 공자는 말했다. "순임금은 크게 지혜로운 분이시다! …… 두 끝을 잡아 헤아려 그 가운데를 취해 백성에게 쓰니(舜其大知也與! …… 執其兩端, 用其中於民. 『中庸』 6장)" 즉 공자는 순임금만이 홀로 중화의 도를 발현시켰다고 생각했다. "하늘의 도는 착한 사람에게는 복을 주고 악한 사람에게는 화를 내린다(天道福善禍淫. 『書經 · 湯告』)." 이 말에서 알 수 있듯이 오로지 하늘만이 도를 운용할 수 있다고 본 것이다. 따라서 유가의 관점에 따르자면 도는 어떤 특수한 곳에서만 드러날 뿐이지 모든 것에 내재되어 있는 것이 아니다. 원래 유가는 도덕가(道德家)이고 도가는 예술가(藝術家)라고 할 수 있다. 이 두 학파의 성정(性情)과 기질(氣質)이 본래 다르기 때문에 견해도 차이가 날 수밖에 없다. 그러나 양쪽 모두 도를 추앙한다는 점에서는 일치한다. (구약 창세기에 나오는 하나님도 예술가와 비슷하다. 그는 바다와 육지를 만들고는 보기에 좋다고 했고, 꽃과 열매를 만들고 보기에 좋다고 했으며, 일월성신(日月星辰)과 충어금수(蟲魚禽獸)와 남자, 여자를 만들고 모든 것이 보기에 좋다고 했다.)

3. 도는 인생 최고의 표준

도가 인생 최고의 표준이라는 것은 도가나 유가 할 것 없이 모두가 인정하는 바이다. 사람이 도의 길을 따라 움직인다면 성인(聖

人)이 될 수 있다. 도의 본질은 균형과 화합을 중시하는 중화(中和)이며 인생의 목표는 '중화를 지키는 것(守中)'이다. "인심은 위태롭고 도심은 은미하다. 정미하고 전일케 하여 진실로 그 가운데를 잡아라(人心惟危, 道心惟微, 惟精惟一, 允執厥中. 『書經 · 大禹謨』)."(이 열여섯 글자는 위(魏)나라 때의 왕숙(王肅)이 지어내 상서(尙書)에 끼워 넣은 위작(僞作)임에도 불구하고 중국의 윤리사상을 설명하는 데 매우 중요한 가치를 지니고 있다.) '가운데를 잡는' 도심은 요임금이 순에게 전한 것이고 다시 순이 우 …… 탕, 문, 무, 주공, 공자에게 전한 것으로 이것을 이른바 도통(道統)이라 한다. 순은 기(夔)에게 천하에 사덕(四德)을 세우길 명하며 "곧으면서도 온화하고, 너그러우면서도 위엄이 있고, 강하되 사납지 않고, 단순하되 거만하지 않아야 한다(直而溫, 寬而栗, 剛而無虐, 簡而無傲. 『書經 · 皐陶謨』)"고 말하였는데 이것은 중화의 인격을 기르기 위함이었다. 고도(皐陶)가 이것을 구덕(九德)으로 확장시켰는데 구덕은 다음과 같다.

> 寬而栗, 柔而立, 愿而恭, 亂而敬, 擾而毅, 直而溫, 簡而廉, 剛而塞, 彊而義. 『書經 · 皐陶謨』
> 너그러우면서도 위엄이 있고, 부드러우면서도 꿋꿋하며, 성실하면서도 공손하고, 위력보다는 공경으로 일을 하며, 온순하면서도 굳세고, 곧으면서도 온화하고, 단순하되 거만하지 않으며, 강하면서도 착실하고, 굳세면서도 의로워야 한다.

우(禹)에 이르러 홍범구주(洪範九疇)가 경세(經世)의 원칙이 되었다. 아홉 조목 가운데 제5조는 '황극(皇極)'이라 불리었는데 이것은 대중지정(大中至正, 크고 치우치지 않고 지극히 바름)의 의미이다. 이 조항의 내용 가운데 가장 뛰어난 몇 구절은 다음과 같다.

> 無偏無陂, 遵王之義 …… 無偏無黨, 王道蕩蕩, 無黨無偏, 王道平平, 無反無側, 王道正直. 『書經 · 洪範』
> 편벽됨이 없고 기울어짐이 없어 왕의 뜻을 따르며 …… 편벽됨이 없고 편당함이 없으면 왕의 길이 넓고 크며, 편당함이 없고 편벽됨이 없으면 왕의 길이 평평하며, 상도에 거스름이 없고 기울어짐이 없으면 왕의 길이 정직할 것이다.

공자는 『시경』을 편찬하며 「관저(關雎)」를 첫머리로 삼았는데, 그 이유는 "즐겁되 음탕하지 않고 슬퍼하되 상하지 않는다(樂而不淫, 哀而不傷. 『論語 · 八佾』)."라는 지나치지도 않고 편벽됨이 없이 매우 적절한 감정 표현을 담고 있기 때문이다. 자사(子思)는 『중용』에서 '천도(天道)'와 '인도(人道)'를 구분해서 말했다. "성이라는 것은 하늘의 도이고, 성하고자 하는 것은 사람의 도이다(誠者天之道也 誠之者人之道也. 『中庸』 20장)." 여기서 말하는 '성지(誠之)'는 '솔성(率性)'을 가리키는데, 움직임이 모두 절도에 맞아 지나치거나 어느 한 편으로 치우침이 없는 것을 이르는 것이다. 따라서 그는 또 이렇게 말했다.

喜怒愛樂之未發, 謂之中, 發而皆中節, 謂之和.
中也者, 天下之大本也, 和也者, 天下之達道也.
致中和, 天地位焉, 萬物育焉. 『中庸』 1장
희노애락이 일어나지 않은 상태를 중(中)이라 하며, 일어나되 절도에 맞는 상태를 화(和)라 이른다. 중은 하늘 아래 큰 근본이며, 화는 천하에 두루 통하는 도이다. 중과 화를 지극히 하면, 하늘과 땅이 제자리에 서고, 만물이 제대로 길러진다.

육조(六朝) 말엽에 왕통(王通)은 『중설(中說)』 10편을 짓고 "가운데를 잡는 자는 오로지 성인뿐이다(執其中者惟聖人乎. 『中說 · 關朗』)" 라고 하였다. 주렴계가 "성인의 도는 인의중정뿐이다(聖人之道仁義中正而已. 『通書 · 道第六』)"라고 말한 이래 송명(宋明) 팔백여 년간의 윤리사상은 중화(中和)를 인생 최고의 목표로 여기며 발전해 왔다. 성(誠)은 바로 수천 년 유학의 역사 동안 면면히 전승되어 내려온 비전(秘傳)이다.

도가의 창시자 노자의 사상은 매우 격렬해서 표면적으로는 극단의 길을 간 것처럼 보인다. 그러나 사실 그가 추구한 도(道) 역시 중화의 성질을 가지고 있다. 유가와 마찬가지로 그는 '중(中)'이 인생 최고의 표준이라는 것을 부정하지 않는다. "사람은 땅을 본받고, 땅은 하늘을 본받고, 하늘은 도를 본받고, 도는 자연을 본받는다(人法地, 地法天, 天法道, 道法自然. 『道德經』 25장)." 노자의 자연관도 조화를 중시한다. "유와 무는 상대적으로 생겨났고, 어려운 것과 쉬운 것도 상대적인 입장에서 이루어지며, 긴 것과 짧은 것도 상대적으로 비교하는 데서 생기게 되고, 앞과 뒤도 상대적인 구별에서 생겨나며, 높은 것과 낮은 것은 상대적인 관념에서 생겨난다(有無相生, 難易相成, 長短相形, 前後相隨, 高下相傾. 『道德經』 2장)." 이러한 견해는 일반적으로 낭만주의자와 낙천주의자의 입장이다. 독일 철학자 헤겔(G. W. F. Hegel)의 정(正, Thesis), 반(反, Antithesis), 합(合, Synthesis)이 좋은 예이다. 어떤 이는 노자의 도가 '무(無)'와 같다고 생각하는데 '무'가 얼마나 철저하면 중화와 같다 했겠는가? 노자가 말한 '무'가 바로 가장 중(中)하고 가장 화(和)한 조화인 것이다. 이것은 양수와 음수 가운데 있는 '0'과 흡사한 것으로 지나침도 모자람도 없는 절대적 평형상태를 말한다. 따라서 노자의 이상적 처세술은 무위(無爲)이다. "성인은 무위의 일에 머물며 말없는 가르침을 행한다(聖人處無爲之事, 行不言之敎. 『道德經』 2장)." 노자는 사람이 억지로 꾸미는 작위적인 행위를 하지 말아야 한다고 했는데, 그것이 '정(正)'을 향한 것이 아니라 '부(負)'로 편향된 것이기 때문이다. 무위해야만 중정(中正)을 얻을 수 있고 도에 합치될 수 있으니 호적(胡適) 선생의 해석처럼 "도는 무이고 무가 바로 도이다(道便是無, 無便是道)." 『중용』은 도가의 영향을 많이 받았다. "희노애락이 발현하지 않을 것을 중이라 한다"는 말은 바로 '무위'에 대한 정확한 풀이이다. 스스로 그러한 바[自然]를 따라 억지로 꾸미거나 조작하지 않는다는 것이다. 장자가 말한 '상황에 따라 그러함[因是]', 양주(楊朱)

가 말한 '본성에 따라 행동함(任性而動)'이라는 것은 도가의 이상적 처세법을 잘 보여주고 있는 말들이다. 도가의 견해에 따르면 '偏'과 '僞'의 부수가 모두 '亻(人)'으로 이것들은 이상적 인생을 방해하는 장애물들이다. '僞'는 '기운다'는 뜻인데 기울어지면 거짓이 된다. 바꿔 말하자면 자연은 중화이고 중화는 자연인 것이다. 여기서 알 수 있듯이 도가가 말한 인생의 최고 표준이 중화의 '도'라는 것에는 의심의 여지가 없다.

도는 길, 즉 사람이라면 누구나 가야 하는 마땅하고 큰 길이다. 그래서 "왕의 길은 넓고 크다(王道蕩蕩)"고 하지 않았던가. 그러나 중도를 행하기는 지극히 어렵다. '중'이란 절반으로 나누는 것도, 타협하는 것도 아닌 바로 딱 적당하게 오묘한 곳[妙處]을 찾는 것으로 조금이라도 많거나 모자라지 않고 지나치거나 미치지 못함이 없는 것이다. 이런 오묘한 경지에 도달하게 된다면 사람은 먹고 자는 것을 잊고 심지어 죽음에 이른다 해도 상관하지 않을 것이다. 그러므로 공자는 "아침에 도를 들으면 저녁에 죽어도 좋다(朝聞道, 夕死可矣. 『論語 · 里仁』)", "군자는 도를 걱정할 뿐 가난함을 걱정하지 않는다(君子憂道不憂貧君子憂道不憂貧. 『論語 · 衛靈公』)"고 말한 것이다. 중국인이 생각하는 '자연'과 '천'은 바로 이처럼 때와 장소에 구애받지 않는 딱 알맞은 조화이다. 이것이 소위 "만물은 함께 자라도 서로 해치지 아니하며, 도는 함께 행하여져도 서로 거스르지 않는다(萬物竝育而不相害, 道竝行而不相悖. 『中庸』 30장)"라는 것이다. 그러나 우리 인생은 늘 이러한 조화 속에 있기가 힘들다. 조화를 얻기 위해서는 반드시 각자의 노력이 필요하다. 노력을 하는 것이 바로 '덕(德)'이다.

4. 도와 덕

도는 일반적이고 보편적인데 반해 덕은 개인이 스스로 획득하는 것이다. 도가 세상의 공기라면 덕은 개인이 호흡하는 공기이다. 따라서 도를 떠나서 존재하는 덕은 없으며, 덕은 반드시 도에 따라 운용되는 것이다. 노자는 말했다. "높고 크고 깊은 덕을 갖춘 사람의 모습이란 오로지 도를 따르는 것뿐이다(孔德之容, 唯道是從.『道德經』 21장)." "도는 낳고 덕은 기른다(道生之, 德育之.『道德經』 51장)." 강무(江袤)[2]는 이 말을 다음과 같이 해석한다. "어느 곳에나 존재하는 것이 도이고, 그로부터 얻는 것이 덕이다. 도는 사람이 모두 말미암는 바이고, 덕은 사람이 스스로 얻는 바이다(無乎不在之謂道, 自其所得之謂德. 道者人之所共由, 德者人之所自得也. 焦竑『老子翼』)." 이처럼 덕은 개인적인 것이므로 끊임없는 수양과 축적이 필요하다.

修之於身, 其德乃眞.
修之於家, 其德乃餘.

2) 북송 시기의 시인, 서법가. 구체적 일생에 대해서는 알려진 바가 없다.

修之於鄕, 其德乃長.

修之於國, 其德乃豊.

修之於天下, 其德乃普. 『道德經』 54장

도를 자신에게 실천하면 그 덕이 참될 것이고

가정에서 실천하면 그 덕이 넉넉하게 될 것이고

마을에서 실천하면 그 덕이 자라날 것이고

나라에서 실천하면 그 덕이 풍성해질 것이고

세상에서 실천하면 그 덕이 두루 펴질 것이다.

늘 덕을 쌓고 쌓으면 순수하고 성숙한 사람이 되어 덕을 쌓는 습관이 몸에 배게 된다. 습관이 되었다는 것은 자연스러워졌다는 것이고 그러한 자연스러움이 바로 도인 것이다. 따라서 덕은 도에 도달하기 위해 거쳐 가야 할 길이다. 그러나 위에서도 말했듯이 과하지도 않고 한쪽으로 치우치지도 않은 가장 좋은 상태의 도를 얻기란 매우 힘들다. 덕이란 억지로 쌓으려 하면 할수록 더욱 얻기 어려워진다. 억지로 덕을 쌓은 사람은 겉으로는 겸허한 듯 보일지 몰라도 어딘가 부자연스럽게 느껴진다. "최상의 덕은 골짜기처럼 텅 비어 보이고, 가장 넓은 덕은 부족한 듯 보인다(上德若谷, 廣德若不足. 『道德經』 41장)", "최상의 덕은 스스로 덕이 있다고 여기지 않으니 이 때문에 덕이 있는 것이다(上德不德, 是以有德. 『道德經』 38장)." 덕은 닦으면 닦을수록 높아지고, 높아지면 높아질수록 부족한 듯 보이며, 부족한 듯 보이면 부지런히 노력하게 된다. 부단히 덕을 쌓아가서 "중과 화를 지극히 하면 하늘과 땅이 제자리에 서고 만물이 제대로 길러(致中和, 天地位, 萬物育. 『中庸』 30장)"지는 높은 경지로 승화하게 된다. 『대학(大學)』에는 다음과 같은 글이 나온다.

康誥曰克明德.
帝典曰克明峻德.
皆自明也.
湯之盤銘曰苟日新日日新又日新.
康誥曰作新民.
詩曰周雖舊邦其命維新.
是故君子無所不用其極.
강고에 말하기를 '훌륭하게 덕을 밝힌다' 했고,
제전에서는 '훌륭하게 큰 덕을 밝힐 수 있다' 했으니 모두 스스로 밝힘이다.
탕임금의 반명(盤銘, 대야에 적어 넣은 좌우명)에서는 '진실로 하루를 새롭게 하고 나날이 새롭게 하고 또 날로 새롭게 하겠다'고 했고, 강고에서는 '백성들이 새로워지도록 고무 진작시키라'고 했다.
시경에 말하기를 '주나라는 비록 오래된 나라이나 그 천명은 새롭다'고 했다.
따라서 군자는 그 극을 쓰지 아니한 바가 없다.

근면하게 노력하는 정신은 중국 민족의 가장 큰 장점이며 윤리사상 가운데 핵심적인 부분이다. 불교에서 말하는 팔성도(八聖道)[3] 가운데에서도 '정정진(正精進, 바른 노력)'이 가장 중요하다. 불교는 인도에서 전래되었지만 중국의 정신에 잘 들어맞아 윤리사상이 발전하는 데 도움을 주었고, 송명청 시기에 부흥했던 고증정신과도 부합하는 점이 적지 않았다. 도는 조화이다. 조화의 본뜻은 만고불변이지만 구체적 표준은 시시각각 변해 왔다. "되돌아오는 것이 도의 움직임(反者道之動. 『道德經』 40장)"이기 때문에 범위는 부단히 확장되고 내용은 풍부해질 수 있다. 따라서 이러한 도를 본받기 위한 수양으로서의 덕 역시 영원히 운동을 멈추지 않는다. 서양의 헤겔 철학도 이러한 내용과 서로 부합된다. 도는 "처음부터 완성되어 있지만 또 영원히 완성으로 향해 간다." 이것은 '기제(旣濟)'이면서 '미제(未濟)'[4]라는 뜻으로 도가 영원히 인생 최고의 표준이 된다는 것이다.

---

3) 깨달음과 열반으로 이끄는 수행의 올바른 여덟 가지로, 즉 정견(正見), 정어(正語), 정업(正業), 정명(正命), 정념(正念), 정정(正定), 정사유(正思惟), 정정진(正精進)을 말한다.

4) '기제(旣濟)'와 '미제(未濟)'는 『주역(周易)』 64괘 가운데 63, 64번째 괘명(卦名)이다. '기제'는 모든 것이 이루어진다는 뜻이고, '미제'는 아직 끝나지 않았으니 새로 시작한다는 뜻이다. 『주역』의 마지막 괘가 '기제'가 아닌 '미제'인 것은 끝남과 동시에 새로운 시작을 배태한다는 것을 의미한다.

제3절

성(性)[명(命)]

1. '성'의 개념과 윤리학적 지위

'성'에 관한 문제는 2500여 년 동안 동양 철학자들을 괴롭혀 왔다. 그들이 성을 이토록 중시한 까닭은 모든 인류 행위의 원인이 성의 선악에 있다고 여겼기 때문이다. 사람들은 이렇게 말한다. "강산은 쉽게 변해도 본성은 쉽게 변하지 않는다(江山好改, 本性難移)." 이 말은 성이 사람의 운명을 좌우한다는 것을 인정한 것이다. 우리는 일상생활이나 옛 문헌에서 '성(性)'과 '명(命)'이 합쳐진 단어인 '성명(性命)'이라는 단어를 자주 접한다. (예를 들면, "하늘의 도가 변화하니 만물은 각기 자신의 성을 바르게 한다(乾道變化, 各正性命. 『周易 · 乾卦』)"와 같은 말이다.) 중국인들의 관념 속에서 '성'은 현대 과학에서 말하는 '본능(Instinct)'에 비해 범위가 넓은 개념이다. 맹자(孟子)는 "타고난 그대로의 것을 성이라 한다(生之謂性)"고 했다. 서양에서

'성'은 Life와 비슷하지만 일반적으로는 Human nature라고 표현한다. 그러나 '성'이라는 개념의 함의와 외연에 대해서는 서양 언어로 설명하기가 매우 까다롭다. "하늘이 명한 것을 성이라 한다(天命之謂性. 『中庸』 1장)"는 말을 금과옥조처럼 받들고 있는 도학자(道學者)들이라면 아마도 성을 Human nature라고 표현하는 것에 동의하지 않을 것이다. 이처럼 '성'에 대한 해석은 중국과 서양이 다를 뿐만 아니라 역대 중국학자들 사이에서도 다른 의미로 인식되고 있다. 그러나 개념적 함의가 아무리 다양해도 '성'이 인간의 삶에서 매우 중요한 지위를 갖고 있다는 점은 누구도 부정하지 못한다. 서양에서 설명하는 '인생'은 다음과 같은 공식으로 표시할 수 있다.

인생=유전+환경

이에 비해 중국에서는 다음과 같이 표시할 수 있다.

인생=본성+교육

'성'의 의미가 복잡한 까닭은 '교육'의 기능이 신축적이기 때문이다. 교육의 기능을 중시하는 일부 사상가들은 교육이 '성'에 영향을 주거나 변화를 일으킬 수 있다고 생각한다. 이에 대해 또 다른 사상가들은 교육 활동이 '성'의 범위 내에서 이루어져야 한다고 생각한다. 이는 "교육은 산파술과 같아 낳는 것을 잘 받아내면 될 뿐, 절대로 애를 만들려고 해서는 안 된다"는 소크라테스의 사상과 일맥상통하는 것이다. 아래에서는 '성'에 대한 역사적인 논의, 즉 성선(性善)과 성악(性惡)의 문제에 대해 논의해 보고자 한다.

2. '성'에 관한 여러 학설

(A) 절대선설絶對善說

이 학설은 도가가 제창한 것이다.

歸根曰靜, 是曰復命. 『道德經』 16장
뿌리로 돌아가는 것을 일컬어 고요함이라 하고, 이를 일러 명으로 돌아간다 한다.

文滅質, 博溺心, 然后民始惑亂, 無以反其性情而復其初. 『莊子 · 外篇 · 繕性』
장식은 본질을 잃게 하고 박식함은 마음을 혼란에 빠지게 했다. 그 후로 백성은 혼란을 일으키기 시작하여 참된 본성으로 되돌아갈 수도 본래의 자연스런 모습을 되찾을 수도 없게 되었다.

危然後處其所而反其性, 已又何爲哉? 『莊子 · 外篇 · 繕性』
높다랗게 그 자신의 입장을 지키며 그 본성으로 돌아갈 뿐이다. 그 밖에 또 어떤 할 일이 있겠는가.

도가는 자연이 절대선이고 인위는 절대악이기 때문에 타고난 자연 '성'은 절대선이라고 보았다. 이런 입장은 만물이 각각 자신의 성명(性命)으로 돌아간다는 것[返性復命]으로 루소(Jean-Jacques Rousseau)가 부르짖은 "자연으로 돌아가자(Return to nature)"라는 말과 통하는 면이 있다.

(B) 유선유악설(등급설)有善有惡說

이 학설은 사람이 나면서 품수받은 '성'에 차등이 있다는 전제에서 출발한다. 즉 어떤 사람은 좋은 성을 품수받았고, 어떤 사람은 나쁜 성을 품수받았다는 것이다. 근대 교육학에서 우열반을 나누는 것도 이와 비슷한 생각에서 유래한 것이다. 그러나 이 학설을 주장하는 사람들은 최선의 성과 최악의 성은 거의 존재하지 않으며 대부분의 사람들은 중상(中上)이나 중하(中下) 정도의 성을 가지고 있다고 생각한다. 따라서 여기서는 교육의 역할이 매우 중요하게 부각될 수밖에 없다.

1. 주周 공자孔子

生而知之者, 上也. 學而知之者, 次也. 困而學之, 又其次也. 困而不學, 民斯爲下矣. 『論語 · 季氏』
나면서부터 아는 자가 가장 윗 등급이고, 배워서 아는 자가 그다음이다. 곤란함에 처해서 배우는 자는 또 그다음이고, 곤란함에 처했는데도 배우지 않는 자는 사람들이 가장 아래로 여긴다.

性相近也, 習相遠也. 維上智與下愚不移.
사람들의 타고난 천성은 비슷하나, 습관으로서 서로 멀어진다. 가장 지혜로운 자와 가장 어리석은 자는 바뀌지 않는다.

2. 한漢 왕충王充

人性有善有惡, 猶人才有高有下也. 命有貴賤, 性有善惡 …… 九州田土之性, 善惡不均, 故有黃赤黑之別, 上中下之差. 『論衡 · 本性』
사람의 본성에는 선도 있고 악도 있다. 이것은 존귀한 사람과 그렇지 못한 사람이 있는 것과 같다. 명예에도 귀천이 있듯이 성에도 선악이 있다. …… 나라의 땅의 본성에도 선악이 균일하지 않아 황적흑의 구별이 있고 상중하의 차이가 있다.

3. 위魏 순열荀悅

性雖善, 待教而成, 性雖惡, 待法而消. 唯上智下愚不移, 其次善惡交爭, 於是教扶其善, 法抑其 惡 . 得施之九品, 從教者半, 畏刑者四分之三, 其不移大數九分之一也 . 一分之中, 又有微移者矣 .『申鑒 · 雜言』

본성이 선하다 하지만 그것은 교육을 받은 후에 이루어지는 것이며, 본성이 악하다 하지만 그것은 법령에 의해 제거되는 것이다. 상지와 하우는 바뀔 수 없다고 하지만, 그다음으로 선악이 서로 싸우면 가르침으로 선한 것을 돕고 법령으로 악함을 억누르는 것이다. 이런 방법을 구품에 시행하면 가르침을 따르는 자가 반수이고, 형벌을 두려워하는 자가 4분의 3, 그리고 변하지 않는 자가 9분의 1인데, 그 가운데 또 조금 변한 자도 있다.

4. 당唐 한유韓愈

性之品有上中下三. 上焉者, 善焉而已矣. 中者, 可導而上也. 下也者惡焉而已矣. …… 上之性, 就學而易明. 下之性, 畏威而寡罪. 是故上者可教, 而下者可制也.「原性」

성에는 상중하 삼품이 있다. 상등은 선만이 있다. 중등은 계도함으로써 상등이 될 수 있다. 하등은 악만이 있다. …… 상등의 성은 배움으로써 쉽게 분별할 수 있게 된다. 하등의 성은 권위를 두려워하여 죄를 적게 범하게 된다. 따라서 상등은 가르쳐야 하고, 하등은 제제해야 한다.

(C) 향선설向善說

이 학설은 대략 도가 사상의 영향을 받은 유가들이 주장하는 것이다.

1. 자사子思

天命之謂性, 率性之謂道.
하늘이 명한 것을 성이라 하고, 본성을 따르는 것을 도라 한다.

2. 맹자孟子

人性之善也, 猶水之就下. 人無有不善, 水無有不下. 『孟子 · 告子上』
사람의 성품이 선한 것은, 물이 아래로 나아가는 것과 같다. 사람이면서 착하지 않은 사람은 없고, 물이면서 아래로 나아가지 않는 것은 없다.

堯舜, 性之也. 湯武, 反之也. 『孟子 · 盡心上』

요순은 본성 그대로의 사람이다. 탕왕과 무왕은 본성으로 돌아간 사람이다.

人皆有不忍人之心. 『孟子 · 公孫丑』
사람은 누구나 남의 고통을 참지 못하는 마음이 있다.

惻隱之心, 人皆有之, 羞惡之心, 人皆有之, 恭敬之心, 人皆有之, 是非之心, 人皆有之. 『孟子 · 告子上』
측은지심은 사람마다 다 가지고 있으며, 수오지심은 사람마다 다 가지고 있으며, 공경지심은 사람마다 다 가지고 있으며, 시비지심은 사람마다 다 가지고 있다.

人之所不學而能者, 其良能也, 所不慮而知者, 其良知也. 『孟子 · 盡心上』
사람이 배우지 않고서도 할 수 있는 것을 양능이라 하고 생각하지 않고서도 아는 것을 양지라 한다.

3. 당唐 이고李翺

人之所以爲聖者性也, 人之所以惑其性者情也. 『復性書』
사람이 성인이 될 수 있는 까닭은 그 본성 때문이다. 사람이 그 본성이 미혹되는 까닭은 정 때문이다.

4. 송宋 육상산陸象山

盖人受天地之中以生, 其本心無有不善, 吾未嘗不以其本心望之.
사람은 천지의 정수를 받아 태어났기에 그 본심이 선하지 않은 바가 없다. 나는 그 본심을 보지 못한 것이 없다.

5. 명明 왕양명王陽明

心之本体即天理也. 天理之昭明靈覺, 所謂良知也. 『王文成公全書 · 卷二』
마음의 본체는 천리이다. 천리의 밝고 신령한 깨달음은 양지이다.

良知之在人心, 無間於聖愚, 天下古今之所同也. 『王文成公全書 · 卷五』
사람의 마음에 양지가 있는 것은 성인이나 어리석은 사람이나 차이가 없고 천하고금에 같은 이치이다.

(D) 향악설向惡說

1. 주周 순자荀子

人之性惡, 其善者僞也. 『荀子 · 性惡』
인간의 본성은 악한 것이요, 선은 인위적인 것이다.

今人之性, 生而有好利焉. 順是, 故爭奪生而辭讓亡焉. 順是, 故殘賊生而忠信亡焉. 生而有耳目之欲, 有好聲色焉. 順是, 故淫亂生而禮義文理亡焉. 然則從人之性, 順人之情, 必出於爭奪, 合於犯分亂理, 而歸於暴. 『荀子 · 性惡』
사람의 본성이란 태어나면서부터 이익을 추구하게 마련이다. 이러한 본성을 그대로 따르면 쟁탈이 생기고 사양하는 마음이 사라진다. 사람에게는 태어나면서부터 질투하고 증오하는 마음이 있다. 이러한 본성을 그대로 따르면 남을 해치게 되고 성실과 신의가 없어진다. 사람은 태어나면서부터 감각적 욕망을 가지고 있다. 이러한 본성을 그대로 따르면 음란하게 되고 예의와 규범이 없어진다. 그렇기 때문에 본성을 따르고 감정에 맡겨버리면 반드시 싸우고 다투게 되어 사회의 규범과 질서가 무너지니 결국 세상이 혼란에 빠지게 된다.

2. 한漢 동중서董仲舒

性, 如繭如卵. 卵待覆而爲雛, 繭待繅而爲絲, 性待教而爲善. ……
民受未能善之性於天, 而退受成性之教於王. 『春秋繁露』
본성은 고치나 알과 같다. 알은 부화시켜야 병아리가 되고 고치는

켜야 실이 된다. 본성은 교육을 통해 선하게 된다. …… 사람의 선한 본성은 하늘로부터 온 것이 아니기 때문에 물러나 왕에게 본성을 이루는 교육을 받아야 한다.

性比于禾, 善比于米. 米出禾中, 而禾未可全爲米也. 善出性中, 而性未可全爲善也. 『春秋繁露』
본성은 벼에 비유할 수 있고, 선은 쌀에 비유할 수 있다. 쌀은 벼에서 나오지만 전부다 쌀이 되는 것은 아니다. 선은 본성에서 나오지만 본성이 전부 선인 것은 아니다.

3. 청淸 유월兪越

孩提之童, 豈眞知愛其親歟? 其母乳之, 其父噢咻之, 故赤子之愛者, 私其所昵也. 順是至於張大, 於是有同異之見, 於是有憎愛之私, 而獄訟由此興, 兵戎由此起. 實足以明性之不善而已矣. 『賓朋集 · 性說』
어린아이가 어찌 부모의 진정한 사랑을 알겠는가? 어머니가 젖먹이고 아버지가 잘 어루만져 주니 어린아이의 사랑은 그 친한 바를 사사로이 여기게 된다. 이렇게 자라면 같고 다름의 구별이 생기고 사랑하고 미워하는 사사로움이 생기니 이로 말미암아 다툼이 벌어지고 이로 말미암아 전쟁이 생기게 된다. 실로 (사람의) 본성이 악하다는 것을 밝혀주는 것이다.

(E) 무선무악설無善無惡說

1. 주周 고자告子

生之爲性. 『孟子 · 告子』
타고난 것을 곧 본성이라 한다.

性猶杞柳也, 義猶桮棬也. 以人性爲仁義, 猶以杞柳爲桮棬. 『孟子 · 告子』
사람의 본성은 버들 같고, 의는 버들 그릇과 같다. 사람의 성으로 인과 의를 행하게 하는 것은 마치 버들로써 버들 그릇을 만드는 것과 같은 것이다.

性猶湍水也, 決諸東方則東流, 決諸西方則西流. 人性之無分於善不善, 猶水之無分於東西也. 『孟子 · 告子』
사람의 본성은 흐르는 물과 같다. 그것을 동쪽으로 트면 동쪽으로 흐르고 서쪽으로 트면 서쪽으로 흐른다. 사람의 성에 선함과 선하지 않은 것의 구분이 없는 것은 물에 동쪽과 서쪽의 구분이 없는 것과 같다.

2. 송宋 정명도程明道

生之謂性, 性卽氣, 氣卽性, 生之謂也. 『程子語錄』
타고난 것을 곧 본성이라 한다. 성은 곧 기요, 기는 곧 성으로 타고 난 것을 이르는 것이다.

在天爲命, 在物爲理, 在人爲性, 主於身爲心, 其實一也. 心本善, 發於思慮, 則有善有不善, 若旣發則可謂之情, 不可謂之心. 譬如水, 只可謂之水, 至如流而爲派, 或行於東, 或行於西, 却謂之流也. 『程子語錄』
하늘에 있는 것은 명이고, 만물에 있는 것이 리이며, 사람에게 있는 것은 성이고, 몸의 주인은 마음이지만 실은 하나이다. 마음은 본래 선하지만, 그 마음이 여러 생각과 의도에 따라서 나타나게 되면 착함도 있고 착하지 않음도 있게 된다. 만약 이미 나타났으면 정이라고 말할 수 있을 뿐 마음이라고 말할 수 없다. 비유하자면, 물과 같은 것을 다만 물이라고만 말할 수 있지만 물결이 되어 지류를 형성하여 혹 동쪽으로 흐르고 혹 서쪽으로 흐르게 되면 곧 흐름이라고 말하게 되는 것과 같다.

性中原無善惡, 二物相對而出也. 『程子語錄』
성에는 본래부터 선악이 존재했던 것이 아니라 상대적으로 생겨난 것이다.

(F) 선악혼설善惡混說

1. 주周 세석世碩

以爲有善有惡. 人之善性養而致之, 則善長. 惡性養而致之, 則惡長. 『論衡 · 本性上』

선도 있고 악도 있다. 사람이 선한 본성을 잘 길러 지극히 하면 선이 자라게 되고, 악한 본성을 지극히 하면 악이 자라게 된다.

2. 한漢 양웅楊雄

人之性也善惡混. 修其善則爲善人, 修其惡則爲惡人. 『法言 · 修身』

사람의 본성은 선악이 섞여 있다. 그 선한 바를 잘 닦으면 선한 사람이 되고, 악한 바를 추구하면 악한 사람이 된다.

3. 송宋 장재張載

形而後有氣質之性, 善反之則天地之性存. 『正蒙 · 誠明』

형체가 생긴 후에 기질지성이 있는 것이니 잘 돌이키면 천지지성이 보존된다.

天性之在人, 正猶水性之在氷, 凝釋雖異, 萬物一也. 受光有大小明暗, 其受納不二也. 『正蒙 · 誠明』
하늘의 성이 사람에게 있는 것은 물의 성이 얼음에 있는 것과 같다. 얼고 녹는 것은 비록 다르지만 결국 한 가지 사물이다. 마찬가지로 빛을 받으면 크고 작고 밝고 어두운 차이가 생기지만 받아들이는 것은 둘이 아니다.

4. 송宋 주희朱熹

論天地之性, 則專指理言. 論氣質之性, 則以理與氣雜而言之. 以理言之則無不全, 以氣言之則不能無偏. 『性理大全』
천지지성을 논할 때는 오로지 리만을 가리켜서 말한 것이고, 기질지성을 논할 때는 리와 기를 섞어서 말한 것이다. 리로써 만물을 말한다면 온전하지 않음이 없고 기로써 말한다면 치우침이 없을 수 없다.

人之性論明昏, 物之性只有偏塞. 『性理大全』
사람의 본성은 밝음과 어두움으로 말할 수 있지만, 사물의 본성은 치우치고 막힘만이 있다.

天之所命固是均一, 而氣稟便有不齊. …… 氣稟譬如俸給. 貴, 如官高者, 賤, 如官卑者. 富, 如俸厚者, 貧, 如俸薄者. 壽, 如三兩年一任又再任者, 夭, 如不得終任者. 『性理大全』

> 하늘이 부여한 것은 모두 균일하나 품수받은 기에 편차가 있다. …… 품수받은 기는 봉록과 같아서 귀함은 관직이 높은 것과 같고, 천함은 관직이 낮은 것과 같다. 부유함은 봉록이 후한 것과 같고, 가난함은 봉록이 박한 것과 같다. 장수하는 것은 삼 년 동안 관직에 있은 뒤에 또다시 재임하는 것이고, 요절하는 것은 끝까지 봉직하지 못하는 것이다.

예로부터 전해 내려오는 성선설이나 성악설, 또는 나면서부터 본성의 선악이 정해져 있다고 주장한 학설은 과학적 근거가 없는 것이다. 오늘날 인류학과 생물학, 심리학 등의 학문이 발달함에 따라 많은 사람들이 본성이란 수천 년 동안의 유전과 진화 과정을 통해 적응과 도태, 변화를 거쳐 형성된 것이라 생각하게 되었다. 이를 긍정적으로 생각하는 사람들은 현재의 교육이 본성을 발전시킬 수 있다고 여기지만, 부정적으로 생각하는 사람들은 도리어 교육이 본성의 발현을 저해하거나 억압할 수 있다고 본다. 그리고 중간적 입장을 취하는 사람들은 교육이 점차적으로 본성을 선한 방향으로 이끌어갈 것으로 생각한다. 서양에서는 인성문제를 다루는 데 있어 환경적 요인은 그다지 중요하게 여기지 않았다. 중국에서는 전통적으로 선천적인 요소를 매우 중시했다. 그렇지만 후천적 요소를 소홀히 한 것은 아니다. 학식이 높은 사람일지라도 배움과 수양을 게을리하지는 않았으며, 지위가 낮은 "하층민이라고 해서 모두 학식은 낮은 것은 아니었다." 그러나 여기에는 해결하기 어려운 문제가 있다. 즉 성품이 착한 사람이 선한 행위를 하더라도 간혹 나쁜 결과를 얻게 되거나 반대로 성품이 안 좋은 사람이 악한 행위를 하는데도 도리어 선한 결과를 얻게 된다는 것이다. 백이(伯夷)와 숙제(叔齊)가 굶어죽은 일이나 안회(顏回)가 요절한 일, 그리고 도척(盜跖)[1]이 장수한 것과 이광(李廣)[2]이 공적을 인정받지 못한 일 등이 대표적인 사례이다. 이를 통해 볼 때, 인생에는 '성' 이외에 더욱 중요하고 영향력이 큰 '명(命)'이 있다는 것을 알 수 있다.

3. 성과 명의 관계

역사상 성과 명의 관계에 대한 논의는 다음의 세 가지로 요약할 수 있다.

(1) 명이 성보다 중요하다(혹은 성과 명은 같은 것이다)

도가 가운데 일부가 주장하는 학설이다. 그들은 우주를 잘 만들어진 기계로 생각하여 모든 변화는 자연스럽게 그렇게 된 것이

---

1) 춘추시대의 큰 도적으로 야사(野史)에 장수했다고 나온다.
2) 한나라 때의 명장으로 평생을 흉노와 싸웠지만 번번이 전공을 인정받지 못하였으며 억울한 문책을 받아 자살하였다.

며 그렇게 되지 않으면 안 되는 것이라고 여긴다. 인간의 삶도 우주의 일부이므로 절대적으로 대자연의 통제를 받는다. 선한 본성과 악한 본성은 태어날 때부터 운명적으로 정해져 있다는 그들의 주장은 사람의 힘이 미치지 못하는 것에 대해 함부로 말하는 것이다. 열자(列子)는 「역명(力命)」에서 다음과 같이 말했다.

力謂命曰 : 若之功奚若我哉? 命曰 : 汝奚功於物而欲比朕? 力曰 : 壽夭窮達, 貴賤貧富, 我力之所能也. 命曰 : 彭祖之智不出堯舜之上, 而壽八百. 顏淵之才, 不出衆人之下, 而壽四八. 仲尼之德不出諸侯之下, 而困於陳蔡. 殷紂之行不出三仁之上, 而居君位. 季札無爵於吳, 田恒專有齊國, 夷齊餓於首陽, 季氏富於展禽. 若是汝力之所能, 奈何壽彼而夭此, 窮聖而達逆, 賤賢而貴愚, 貧善而富惡邪? 力曰 : 若如若言, 我固無功於物, 而物若此邪, 此則若之所制邪? 命曰 : 既謂之命,奈何有制之者邪? 朕直而推之, 曲而任之, 自壽自夭, 自窮自達, 自貴自賤, 自富自貧. 朕豈能識之哉? 朕豈能識之哉?

인력(人力)이 천명(天命)에게 말했다.

"자네가 이 세상에 공헌한 것이 어찌 나만 하겠는가."

천명이 대답했다.

"자네가 이 세상 물건에 무슨 공헌을 했다고 나와 비교를 하는 것인가."

인력이 말했다.

"사람의 목숨이 길고 또 짧은 것과 잘살고 못사는 것과 벼슬을 해서 지위가 높고 벼슬을 못해서 천하게 사는 것과 없어서 가난하게 살고 돈이 많아서 부유하게 사는 것이 다 나의 힘으로 하는 것이다."

천명이 말했다.

"그렇지 않다. 옛날 팽조의 지혜는 요순보다 못했지만 팔백 세나 살았고, 공자의 제자 안연의 재주는 보통사람보다 뛰어났지만 겨우 사십팔 세밖에 못 살았고, 공자의 도덕은 모든 제후들보다 탁월했지만 진나라와 채나라 사이에서 곤란을 당하였으며, 은나라 주왕의 행실은 세 사람의 어진 사람[仁人, 즉 기자, 미자, 비간]보다 못했지만 임금 자리에 올랐다. 계찰은 오나라에서 벼슬을 하지 못했고, 전항은 제나라에서 전횡을 일삼았으며, 백이와 숙제는 수양산에서 굶어죽었고, 계씨는 전금보다 부자로 살았다. 만일 이런 것이 다 자네의 힘 때문이라면 어째서 어떤 사람은 오래 살게 하고 또 어떤 사람은 빨리 죽게 하며, 성인은 궁하게 살게 하고 또 역적은 잘살게 하며, 어진 이는 천하게 여기고 어리석은 이를 귀하게 여기며, 선한 사람을 가난하게 살게 하고 악한 사람을 부자로 살게 하는 것인가."

인력이 말했다.

"만일 자네의 말과 같이 내가 본래 모든 물건에 공헌한 것이 전혀 없다면 어떻게 물건들이 이렇게 저절로 있을 수 있겠는가? 자네가 좌우하는 것인가?"

천명이 말했다.

"이미 그것을 천명이라 하는데 어떻게 다시 그것을 좌지우지하는 자가 있겠는가. 나는 곧은 것은 곧은 대로 두고 굽은 물건은 굽은 대로 둔다. 그리하여 저절로 오래 살고, 저절로 빨리 죽고, 저절로 못살고, 저절로 잘살고, 저절로 귀해지고, 저절로 천해지고, 저절로 부자로 살고, 저절로 가난하게 사는 것이다. 내가 어떻게 그것을 알 수 있겠는가?"

유가 중 일부는 성과 명은 같은 것이며 다만 이름이 다를 뿐이라 여긴다. 예를 들면 『예기(禮記)』에 "도에서 나눠진 것을 명이라 한다(分於道之謂命)"는 말이 있고, 중용에도 "하늘이 명하는 것을 성이라 한다(天命之謂性)"는 말이 나온다. 정명도(程明道)는 "하늘에 있는 것을 명이라 하고 사람에게 있는 것을 성이라 한다(在天爲命, 在人爲性)"고 했다. 그러나 유가는 도가처럼 극단적이지 않아서 인력이 천명에 영향을 줄 수 있다고 여겼다. 이 점은 비교적 합리적이다. 왜냐하면 절대적인 운명론은 사람들을 숙명론자로 만들기 쉽기 때문이다.

(2) 성이 명보다 중요하다

이것은 유가 중 일부가 주장하는 것이다. 예를 들면 장횡거(張橫渠)는 다음과 같이 말했다.

故論生死則曰有命, 以言其氣也.

생사를 논함에 운명을 말하는 것은 기로써 말하는 것이다.

氣之不變者, 獨生死壽夭而已.

기는 변하지 않고 오로지 생사요수(生死夭壽)의 다름만이 있을 뿐이다.

이것은 그가 인성을 두 부분으로 나누고 있다는 것을 보여준다.

① 천지지성 ② 기질지성

명은 단지 기질지성 중의 일부일 뿐으로 다음과 같이 나타낼 수 있다.

그는 이에 대해 다음과 같이 비유를 들어 설명했다. 천지지성은 물과 같고 기질지성은 얼음과 같아 명에 있어서의 생사요수는 얼음이 얼고 녹는 것과 같고 선한 행위와 악한 행위는 얼음이 빛을 받아 대소명암(大小明暗)이 생기는 것과 같은 이치이다. 따라서 명이란 단지 요절과 장수에 관한 문제일 뿐이며 도덕적인 측면과는 전혀 상관없는 것이다. 장횡거에 앞서 자하(子夏)는 "생사유명(生死有命)"이라고 했다. 그들은 모두 '명'을 '수명'으로 간주해 사람 수명의 길고 짧음은 모두 선천적 명에 의해 결정되는 것이지 후천적 행위의 영향을 받는 것은 아니라고 생각했다. 그렇지만 사실 후천적 행위는 사람의 수명에 지대한 영향을 미친다. 무모한 모험을 즐기는 사람은 그렇지 않은 사람보다 죽을 위험에 더 자주 직면하며, 늘 몸을 청결하게 유지하는 사람은 그렇지 않은 사람보다 장수할 확률이 높다.

(3) 명과 성은 서로 관련이 없다

이 학설은 대다수의 유가들이 주장하는 것이다. 그들은 명을 일종의 우연으로 보며 명의 근원을 알 수 없다고 여긴다. 따라서 공자도 명에 대해서는 드물게 말했다. 성은 본원이며 명은 의외적인 것이다. 의외적인 것이 본원을 어지럽힐 수는 없다. 복권에 당첨되는 것은 전혀 의식적이지 않은 '행운'일 뿐이다. 맹자는 이에 대해 다음과 같이 말했다. "부르지 않았는데 저절로 오는 것이 명이다(莫之致而至者, 命也. 『孟子 · 萬章上』)." 왕충은 명과 성을 더욱 분명하게 구분했다.

> 夫性與命異, 或性善而命凶, 或性惡而命吉. 操行善惡者性也, 禍福吉凶者命也. 其行善而得禍, 是性善而命凶. 或行惡而得福, 是性惡

而命吉也. 性自有善惡, 命自有吉凶. 『論衡 · 命義』
무릇 성과 명은 다르다. 성이 선해도 흉한 명을 만날 수 있고 성이 악해도 명이 길할 수 있다. 선악을 행하게 하는 것은 성이요, 길흉화복은 명이다. 선한 행위를 하고도 화를 얻는 것은 성은 선하나 명이 흉한 것이요, 악한 행위를 하고도 복을 얻는 것은 성은 악하나 명이 길한 것이다. 성은 그 차체에 선악이 있고 명은 그 자체에 길흉이 있다.

왕충은 자신의 처지가 좋지 못하여 비관적으로 살았기 때문에 명을 중요하게 생각한 것이다. 반대로 묵자(墨子)는 명의 영향에 대해 여지를 남겨두지 않았다. 그가 쓴 「비명(非命)」 상중하 세 편은 공리주의적 관점에서 명을 비판한 것이지만 이론적 해석은 많이 부족하다. 이에 대해서는 중용의 가치를 중시하는 유가가 비교적 만족할 만한 대답을 하고 있다. 유가는 한 편으로는 명의 존재를 인정하며 명의 근원이 불가지(不可知)한 수(數)에 있다고 하면서도, 다른 한 편으로는 본원적 성을 중시하여 '솔성(率性)'과 '진성(盡性)'에 힘써야 함을 강조하고 있다. 성은 본분이며 명은 의외적인 것이다. 사람은 사람으로서의 본분을 다할 뿐이며 예측할 수 없는 것은 명에 맡길 수밖에 없다. 따라서 "군자는 평이한 데 거하면서 천명을 기다린다(君子居易以俟命. 『中庸』 14장)"고 한 것이다. 여기서 '평이한 데 거한다(居易)'는 의미는 본분을 다하고 상도(常道)를 지키는 것이다. 다른 말로 바꾸면 "군자는 법을 행함에 명을 기다려 한다(君子行法以俟命而行矣. 『孟子 · 盡心』)"는 것이다. 건강한 생활을 하고 신체 단련을 게을리 하지 않는 것은 '성'의 측면에 속하는 일이다. 그러나 지진으로 집이 무너지고 유탄이 날아와 생명을 앗아가는 것은 '명'의 측면에 속한다. 비록 명이 존재한다고는 하나 성과는 아무런 관계가 없으니 명은 순전히 의외적인 것이다. 따라서 우연히 찾아오는 행운이나 불행은 도덕과 아무런 관계가 없다. 비록 안회(顔回)의 수명은 짧았지만 이 점이 그의 현자적 인격을 해칠 수는 없다. 이광(李廣)이 비록 공적을 인정받지는 못했지만 이 점이 그의 무공과 용기를 희석시키지는 못한다. 명의 본질이 무엇인가에 대해 현대과학도 만족할만한 해석을 하지는 못한다. 우리는 시간과 공간이 무한하고 우주의 변화는 복잡하며 세상은 수많은 인과관계로 얽혀 있다는 것을 알고 있다. 매독은 격대유전(隔代遺傳)되고,[3] (외조부의 매독은 그의 자녀에게는 유전되지 않고 그의 손자에게서 나타난다. 손자 역시 세대를 걸러 그것을 전한다. 따라서 병을 물려받은 자손은 당연히 이 일에 대해 도덕적 책임이 없는 것이다.) 세계대전은 광둥(廣東) 지역의 작은 촌락에까지 영향을 미칠 수도 있다. 따라서 명이라는 것은 특정 시간, 특정 지역에 특정 인과체계가 모여 만들어지는 것이지 신비롭거나 괴이한 것이 아니다.

---

3) 중국 청나라 때의 의서인 『의종금감(醫宗金監)』에 보면 매독(梅毒)이 유전병이라는 기록이 나온다. 매독은 매독을 앓던 부모가 임신하여 전해지는 품수(稟受)의 경로와 임신 후 부모가 매독을 앓아서 자식에게 병이 전해지는 염수(染受)의 경로를 통하여 유전된다고 한다.

3장

중국 윤리의 최고 이상

제1절

이상적 인간

역사적으로 중국인이 가장 이상적으로 생각하는 윤리사상으로는 다음의 네 가지가 있다. (1) 유가 (2) 도가 (3) 묵가 (4) 신유가. 이 가운데 유가의 윤리적 이상이 중국인에게 가장 큰 영향을 미쳤고 그다음이 도가이다. 신유가는 도가와 불교의 세례를 받은 후 형성된 학파이며, 묵가의 영향은 가장 적다. 이에 대해 자세히 설명해 보겠다.

1. 유가[의상파(意象派)]

유가에서 인생 최고의 이상은 공자의 사상으로 대변된다. 공자가 생각하는 이상인격의 모범이 되는 인물은 요(堯), 순(舜), 우(禹), 탕(湯), 문(文), 무(武), 주공(周公)이다. 공자의 문인(門人)들은 공자를 가리켜 “요순의 정신을 계승하고 문무의 법도를 본받았다(祖述堯舜, 憲章文武. 『中庸』 30장)”고 말했다. 공자는 꿈속에서 자주 주공을 만났으며 일생 동안 그를 사모하고 본받고자 했다. 그렇다면 요순우탕문무주공의 인격은 어떠한가? 공자는 그들의 어떤 면을 숭상한 것일까? 먼저 요임금에 대해 살펴보자. 요의 인격에 대해 공자는 다음과 같은 말로 찬미했다. “위대하도다. 오직 하늘만이 그렇게 크거늘. 오직 요께서 하늘을 본받았다(巍巍乎唯天爲大, 唯堯則之. 『論語 · 泰伯』).” 『서경 · 요전(堯典)』에도 “공손하고 총명하고 우아하고 신중하시다. 온유하고 진실로 공손하고도 겸양하시다(欽明文思安安, 允恭克讓.)”라고 요의 덕을 칭송하는 구절이 나온다. 최술(崔述)은 『당우고신록(唐虞考信錄)』에서 “흠(欽)은 하늘을 본받는 것이고, 명(明)은 백성을 다스리는 것이며, 문사(文思)는 조리가 뛰어난 것이고, 안안(安安)은 중도(中道)를 행함에 엄숙함이 있는 것이다(欽以法天, 明以治民, 文思其條理之精, 安安其中道之從容.)”라고 주해(註解)하였다. 여기서 볼 때 요의 인격 가운데 가장 중요한 부분은 ‘법천(法天, 하늘을 본받음)’에 대한 인식임을 알 수 있다. 공자 본인이 제창한 최고 이상은 ‘인’이다. 따라서 인의 본질이 바로 법천이다. 지금까지 학자들은 공자가 말한 인의 근본적 의미에 대해 심도 있게 다루지 않았다. 량치차오(梁啓超)는 『선진정치사상사(先秦政治思想史)』에서 ‘동정심’이란 단지 주관적인 심적 상태[心態]에 불과할 뿐 밖으로 발산되는 활동이 아니라고 말했다. 그러나 인이란 마음속에 내재되어 있는 것일 뿐만 아니라 객관적인 실제 활동이 덧붙

여진 것이다. 차이위안페이(蔡元培)와 후스(胡適)는 인을 가리켜 "여러 덕을 통섭하여 인격을 완성하는 것(統攝諸德完成人格. 차이위안페이의 『중국윤리학사(中國倫理學史)』 및 후스의 『중국철학사대강(中國哲學史大綱)』을 보라)"이라 했다. 이것은 단지 결과적인 측면에서 말한 것으로 과정적인 면을 소홀히 한 것이다. 량수밍(梁漱明)은 『동서문화와 그 철학(東西文化與其哲學)』에서 '직각(直覺)과 적정(寂靜)'이라는 개념을 쓰고 있다. 그러나 인은 실제적인 효험뿐만 아니라 구체적인 활동이 있다. 리스천(李石岑)이 『인생철학(人生哲學)』에서 말한 '생식숭배(生殖崇拜)'는 겉으로는 맞는 말처럼 보이지만 실제로는 본의와 상당히 동떨어져 있는 것이다.[1] 공자는 인에 대해 다음과 같이 설명했다. "천지의 큰 덕을 생(生)이라 하고 성인의 큰 보배를 위(位)라 한다. 어떻게 위를 지킬 것인가? 인으로써 지킨다(天地之大德曰生, 聖人之大寶曰位. 何以守位? 曰仁. 『易 · 繫辭傳』)"라고 했다. 이 말의 뜻은 천의 본체는 '생'이니, 사람은 이러한 생을 본받고 생에 따

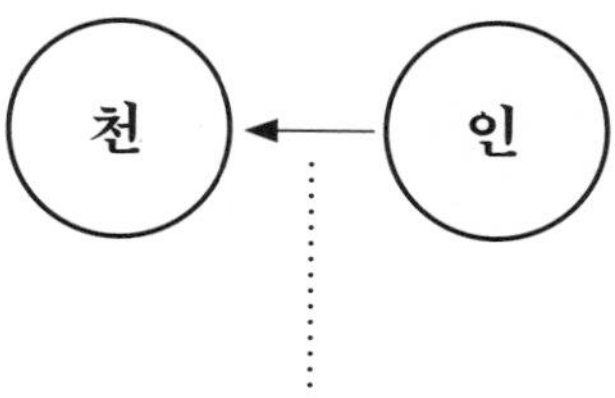

1) 리스천은 유가의 사상을 소개하면서 공자 사상은 모두 인으로 귀결되며, 생식숭배로부터 비롯된 것이라고 주장했다. 생식숭배란 생식 자체를 숭배하는 것으로 '天地之大德曰生'의 의미를 갖고 있다. 『人生哲學』 203쪽.

라 행동함으로써 인하게 되고 성인이 된다는 것이다. 따라서 인은 바로 법천이며, 법천은 역대 유가들의 일관된 인생 이상이다.

요순 이전………天=상제(上帝)
삼대(三代)………天=모든 백성
공자(孔子)………天=生
증자(曾子)………天=孝
자사(子思)………天=性
정주(程朱)………天=理
양명(陽明)………天=良知

그러나 유가에서 말하는 '천'은 고정불변한 존재가 아니며 시대의 변화에 따라 내용도 변해 왔다. 그 구체적인 과정은 위의 표와 같다.

공자는 우주의 본래적인 모습은 생생불식(生生不息)과 조화(和諧)라고 생각했다.

天行健, 君子以自强不息. 『易 · 乾卦』
하늘의 운행은 굳건하니, 군자는 이로써 스스로 굳세어 쉬지 않는다.

逝者如斯夫, 不舍晝夜! 『論語 · 子罕』
흘러가는 것이 이와 같구나, 밤낮을 쉬지 않네.

天何言哉? 四時行焉, 百物生焉. 『論語 · 陽貨』
하늘이 무슨 말을 하는가? 사철이 운행되고 만물이 생장하게 할 뿐이다.

萬物竝育而不相害, 道竝行而不相悖. 『中庸』 30장
만물은 함께 자라도 서로 해치지 아니하며, 도는 함께 행하여져도 서로 거스르지 않는다

우주는 화해불식(和諧不息)[2)]하는 생(生) 자체이니 우주의 한 부분을 구성하고 있는 인간도 마찬가지로 화해불식하는 생을 따라야 한다. 그러나 많은 사람이 이러한 사실을 망각하고 화해불식의 생을 원만하게 따르지 못하니 이로부터 각종 다툼과 전쟁, 충돌과 살인 등 비정상적인 현상이 생기게 되는 것이다. 이런 괴현상을 총칭해 한 단어로 표현하면 '불인(不仁)'이라고 할 수 있다. 진실로 사람이 하늘을 본받아 나아가고 하늘에 따라 행동한다면 어찌 화해불식한 생을 살지 못하겠는가? 화해불식한 생을 사는 것이 바로 '인'이다. 생은 자연적으로 생을 따르는 것이고, 인(仁)은 인위적으

2) '화해(和諧)'라는 단어는 우리가 잘 아는 '화해(和解)'와는 다른 단어이다. '둘 또는 그 이상이 서로 잘 어울리고 조화로와 서로 잘 맞는다'는 뜻으로 화합, 융합과 유사한 의미를 지닌다. 따라서 '화해불식'이란 '끊임없이 조화와 화합, 융합을 추구한다'는 의미이다.

로 생을 따르는 것이다. 하늘에 대해서 말하자면 생이고, 사람에게 대해서 말하자면 인이다. '仁'이라는 글자는 人과 二가 합하여진 것으로 짝이 있다는 의미이다. 이로부터 상호관계, 자리리타(自利利他), 공존공영을 의미로 확대되었다. 공자는 인에 대해 설명하면서 "인이란 자신이 서고자 하면 남을 먼저 세우고, 자기가 이루고자 하면 남을 먼저 이루도록 하라(夫仁者, 己欲立而立人, 己欲達而達人. 『論語 · 雍也』)", "자식에게 바라는 바로써 어버이를 섬기고, 아랫사람에게 바라는 바로써 윗사람을 섬긴다. …… 친구에게 바라는 바를 먼저 베풀라(所求乎子以事父, 所求乎臣以事君. …… 所求乎朋友, 先施之. 『中庸』 13장)"라고 말했다. 이렇게 함으로써 우리는 비로소 참된 즐거움과 이익을 함께 누릴 수 있고 화해불식의 생을 살 수 있게 되는 것이다. 따라서 인의 본질은 하늘을 닮는 것[法天]이며, 인의 방법은 무리들이 화합하는 것[協倫]이고, 인의 효과는 생을 따르는 것[遂生]이다. 이렇게 깊은 의미를 담고 있는 이상적 인을 어찌 리스천이 말한 생식숭배라는 네 글자로 간단히 정리해 버릴 수 있단 말인가?

유가의 특색 가운데 하나는 옛 이름과 제도에 새로운 의의를 부여하는 것이다. 따라서 '천'이라는 이름은 변하지 않아도 '천'의 내용은 마땅히 변해야 한다. 그래야만 천이 사람들이 지향하는 이상이 되고 본받아야 할 모범이 되며 영원히 추구하는 대상이 되는 것이다. 천은 사람들이 쉼 없이 향상하고 진보하고 창조할 수 있도록 이끌어 준다. 그것은 마치 멀리서 손짓하며 우리를 부르는 미인과도 같다. 그러나 쫓아가 미녀를 잡으려 하면 미녀는 멀리 달아나 다시 우리를 유혹한다. 미녀를 잡을 수 있는 사람을 우리는 '성인(聖人)'이라고 부른다. 성인이란 과거의 역사 속 위인들이지만 여기에 후대 사람들의 상상과 숭배가 더해져 형성된 존재이다. 그렇지만 다른 한편으로는 후대 사람들이 진보할 수 있도록 동기를 부여해 주는 존재이기도 하다. 성인은 사람들에게 이렇게 말하는 듯하다. "요순과 같은 과거의 사람들도 그런 미인을 손에 넣었는데 지금 사람들이라고 못할 법이 있겠소?" 저만치 앞에 은은한 미소를 띤 아리따운 미녀가 달아나고 있다. 옆에서는 요란한 응원소리가 생생하게 들리는데 어찌 그 미녀를 쫓아가지 않을 수 있단 말인가? 물론 미녀를 얻는 것은 결코 쉽지 않다. 정신을 똑바로 차리고 전력을 다해 쫓아가야 겨우 잡을 수 있을 것이다. 공자가 『역(易)』을 지으며 '기제' 바로 다음에 '미제'를 두고 끝을 맺었는데, 인생의 이상 역시도 기제이면서 미제이니 그 의미가 얼마나 심오한 것인가! 그러므로 나는 여기서 유가를 의상파(Idealism)[3]라고 이름붙인 것이다.

의상파의 장점은 다음과 같다. (1) 사람들이 본받아야 할 객관적 본보기가 있다. (2) 객관적 본보기는 창화불식(創化不息)하여 사람들을 끊임없이 진보하도록 만들어 준다. 그러나 이 학파의 단점

3) 여기서 말하는 '의상(意象)'은 문학에서 사용하는 Imagism과는 다르다. 문학에서의 '의상'이 감정이 이입되어 주체화된 형상을 말한다면, 이 책에서 말하는 '의상'은 Idealism으로 도덕적 이상주의를 의미한다. 즉 이상적 가치 원천인 '천'으로부터 도덕적 본성[善性]을 부여받은 인간[君子]이 다스리는 태평성대를 긍정하고 낙관하는 인문적 이상주의를 말한다.

도 적지 않다. 가장 큰 단점으로는 다음의 세 가지를 들 수 있다.

첫째, 여기서 말하는 객관적 본보기는 형식적이고 작위적인 것으로 변질될 우려가 있다. 왜냐하면 현실 생활을 도외시하고 다른 대상을 모방하는 데 힘쓰는 것은 겉치레로 흐를 수 있으며 그렇게 되면 결국 유교는 '사람 잡아먹는 예교(禮教吃人)'가 되어 버리고 말 것이다.

둘째, 열렬히 갈구하지만 도달할 수 없는 이상은 사람들의 정서를 도외시하기 때문에 자칫 인생을 지극한 고통 속으로 몰아넣을 가능성이 있다. 예를 들면, '극기복례(克己復禮)'는 천리를 숭상하고 인욕을 억제해야 한다는 논리로 변질되어 현실적 삶의 질곡으로 작용했다.

셋째, 종교로 변질되거나 정치가들에 의해 악용될 가능성이 높다. 공자에게 제사를 올리거나 경전을 읽는 것 등은 사람들을 권위에 절대 복종하도록 만들어 자율적 도덕을 노예도덕으로 변질시켜 버릴 수도 있다.

2. 도가(낭만파 혹은 퇴폐주의)

여기에 속하는 대표적 인물과 단체로는 고대의 노장(老莊)과 양주(楊朱), 중고시기의 죽림칠현(竹林七賢), 이백(李白), 근세의 원매(袁枚), 그리고 최근의 창조사(創造社)[4]와 어사파(語絲派)[5] 등을 들 수 있다.

우선 도가는 자연을 절대적으로 선하고 지고지순한 존재로 간주하여 인간은 자연에 완전히 몰입하거나 동화되어야 한다고 주장한다. 왜냐하면 사람은 자연을 벗어나는 순간 타락하기 때문이다. 자연의 반대는 인위다. 인위가 늘어날수록 자연에서 멀어지고 자연으로부터 멀어질수록 죄악은 더욱 성행한다. 따라서 도가는 예교(禮教)나 진귀한 물건, 문화, 교육, 법률 등 일체의 인위를 깨부수어야 한다고 주장한다.

노자는 말했다.

聖人不死, 大盜不止. 『莊子 · 外篇 · 胠篋』

성인이 죽지 않으면 큰 도적이 그치지 않을 것이다.

---

4) 5.4 신문화운동 시기인 1921년 궈모뤄(郭沫若), 청팡우(成仿吾), 위다푸(郁达夫) 등이 중심이 되어 만들어진 문학단체로 반봉건, 반복고, 개성해방 등을 주장했다.

5) 중국 현대문학 유파 중 하나. 루쉰(鲁迅), 저우쭤런(周作人), 린위탕(林语堂) 등 1924년 창립된 '어사사(語絲社)'와 주간지 〈어사(語絲)〉를 중심으로 활동한 작가들이 주도했다.

大道廢有仁義. 慧智出有大僞. 『道德經』 18장
위대한 도가 없어지자 인의가 생겨났고, 인간의 지혜가 나타나자 엄청난 속임수가 있게 되었다.

民多利器, 國家滋昏, 法令滋彰, 盜賊多有. 『道德經』 57장
백성들에게 편리한 물건이 많아질수록 나라는 점점 더 혼란에 빠지고, 법령이 많으면 도적이 많아진다.

장자는 말했다.

絶聖棄智, 大盜乃止. …… 剖斗折衡, 而民不爭. 『莊子 · 外篇 · 胠篋』, 韓愈 『原道』
성스러움을 끊고 지혜를 버려야 큰 도적이 없어진다. …… 말을 쪼개고 저울을 부수어버려야만 백성들이 다투지 않게 된다.

죽림칠현의 행위는 대부분이 유교 예절에 반하는 것이다. 완적(阮籍)과 왕융(王戎)은 모친이 돌아가셨을 때 상복을 입지 않았으며 술을 마시고 고기를 먹었다. 왕융은 모친과 자식의 관계를 꽃병과 꽃병에 꽂혀 있는 꽃에 비유하기도 했다. 꽃이 꽃병에서 나오면 아무런 관계가 없듯이 모자관계도 마찬가지라는 것이다.

둘째, 도가는 자연 친화적인 인생 이상을 추구하며 인위를 제거할 것, 그리고 우주 속으로 자신을 몰입시킬 것을 주장한다. 이

것을 도표로 나타내면 다음과 같다.

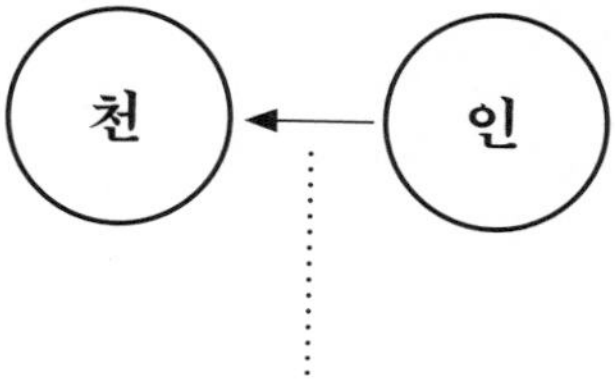

여기서 볼 때, 유가와 도가는 모두 천(우주, 자연)을 최고의 이상으로 삼고 있다는 것을 알 수 있다. 그러나 유가가 천을 본받으려고 애쓴 반면 도가는 그 안에 몰입하고자 하니 이런 상이한 기본적 태도에서 다른 결과가 나오게 된 것이다. 본받으려 애쓰는 것은 인위적인 것이고 의식적인 행위이니 어찌 도가가 좋아할 수 있겠는가? 도가의 인생 이상은 최대한 자연과 가까워지는 것으로 지식과 인식이 생기기 이전의 자연물, 즉 물이나 어린아이, 나비, 말, 소 등과 같아지는 것이다.

노자는 말했다.

上善若水. 『道德經』 8장

최고의 선은 물과 같다.

含德之厚, 比於赤子.『道德經』 55장
덕을 두터이 지닌 사람은 갓난아이와 같다.

明白四達, 能無知乎.『道德經』 10장
분명하고도 밝게 뜻을 온 천하에 전하면서도 꾸밈이 없이 할 수 있겠는가?

我愚人之心也哉! 沌沌兮! 俗人昭昭, 我獨昏昏, 俗人察察, 我獨悶悶.『道德經』 20장
내 홀로 바보의 마음인가, 흐리멍덩하기만 하다! 세상 사람들 모두 총명한데, 나 홀로 아리송하고 세상 사람들 모두 똑똑한데 나 홀로 맹맹하다.

장자는 말했다.

泰氏其臥徐徐, 其覺于于, 一以己爲馬, 一以己爲牛.『莊子 · 內篇 · 應帝王』
태 씨는 누워 자면 그지없이 편안하고 깨어나면 어수룩하여, 혹은 스스로 말이 되기도 하고 혹은 스스로 소가 되기도 한다.

天地與我竝生, 而萬物與我爲一.『莊子 · 內篇 · 齊物論』
천지와 나는 함께 생겨났으며, 만물과 나는 하나이다.

鳧脛雖短, 續之則憂. 鶴脛雖長, 斷之則悲. 『莊子 · 外篇 · 騈拇』
오리의 다리가 짧다고 길게 늘여 주어도 근심이 따르고, 학의 다리가 길다고 잘라 주어도 슬픔이 따른다.

이는 인위적인 것의 해악에 대해 말한 것이다.

도가의 장점은 두 가지로 요약할 수 있다. 하나는 '대용(大勇)'이고, 다른 하나는 '달관(達觀)'이다.

'대용'은 두려움 없는 정신으로 다음과 같은 두 가지 방면으로 표현된다.

첫째, 우리가 안주하고 있는 허위로서의 모든 문명을 파괴하고 수많은 폐단을 제거한다.

도가는 사람들이 감히 말할 수 없는 것들에 대해 기꺼이 말하며 감히 실행할 수 없는 것도 기꺼이 실행한다. 큰 칼과 도끼를 사용할 줄 아니 어떤 것이든 과감하게 도려낼 수 있다. "눈이 어두워지거나 어지러울 정도로 약이 독하지 않으면 그 병은 낫지 않을 것이다(若藥不瞑眩, 厥疾不瘳. 『孟子 · 滕文公上』)." 비록 몸의 기운을 해치더라도 죽을 위기에서는 벗어날 수 있다.

둘째, 세속을 따르지 않고 홀로 행동하면서 이상을 관철시키기 위해 세상 사람들 모두가 꺼리는 것을 과감하게 실행한다.

따라서 이 학파에 속한 사람들 가운데 불행한 죽음을 맞은 사람이 적지 않다. 공융(孔融)과 미형(彌衡), 완적(阮籍) 등도 모두 죽임을 당했다. 죽임을 당하지 않은 사람이더라도 세상으로부터 버림받아 자신의 뜻을 펴지 못하는 경우가 많았다.

'달관' 역시 두 측면으로 나누어 설명할 수 있다.

첫째는 명리(名利)와 생사에 얽매이지 않을 뿐만 아니라 고통과 즐거움을 초월하는 것이다. 장자는 말했다.

> 古之眞人不知悅生, 不知惡死. 『莊子 · 內篇 · 大宗師』
> 옛 진인은 산다는 것을 기뻐하지 않았고 죽음을 싫어하지도 않았다.

양주는 말했다.

> 太古之人, 知生之暫來, 知死之暫往, 故從心而動, 不違自然所好, 當身之娛, 非所去也, 故不爲名所勸. 從性而遊, 不逆萬物所好, 死後不名, 非所取也, 故不爲刑所及. 名譽先後, 年命多少, 非所量也. 『列子 · 楊朱』
> 옛날 사람들은 사람의 생이란 잠시 오는 것으로 알았고, 죽음이란 잠시 가는 것으로 알았다. 그러므로 마음을 따라 행하여 좋아하되 자연에 어긋나지 않고, 몸에 닥쳐오는 즐거움을 좋아하되 그것을 억지로 버리는 일이 없었다. 그러므로 명예를 얻기 위해 힘쓰지 않았다. 타고난 본성대로 자유롭게 행동하되 만물이 좋아하는 것과 거슬리지 않는다. 죽은 뒤의 명예도 바라지 않았으며, 도리에 어긋나

는 일을 하더라도 형벌을 받지 않을 정도로 하였다. 명예가 남보다 앞서거나 뒤처져 얻는 것에 집착하지 않았으며, 수명이 길고 짧은 것도 전혀 헤아리지 않았다.

둘째, 평등을 중시하여 계급을 타파하고 모든 대상을 차별 없이 대해야 하는 것이다.

天地與我竝生, 而萬物與我爲一. 『莊子 · 內篇 · 齊物論』

천지와 나는 함께 생겨났으며, 만물과 나는 하나이다.

然而萬物齊生齊死, 齊賢齊愚, 齊貴齊賤. 『列子 · 楊朱』

그리하여 만물은 다 같이 살고 다 같이 죽으며, 다 같이 현명하고 다 같이 어리석으며, 다 같이 고귀하고 다 같이 비천한 것이다.

이처럼 철저한 평등정신은 유가가 지니고 있는 폐단을 어느 정도 보완해 줄 수 있다. 그러나 이 학파의 단점 역시 적지 않다. 여기서는 두 가지만 말하겠다.

첫째, 자유분방함과 과장된 이상.

도가는 과도하게 자연을 중시하고 이상을 과장하여 천마(天馬)를 타고 하늘을 난다는 등 현실과 동떨어진 말을 많이 한다. 또한 허풍에 능하고 안하무인이며 남을 험담하는 것을 좋아한다. 예의나 형식에 구애받지 않고 사회적 시선에 아랑곳없이 제멋대로 무절제하게 사는 것이 마치 고삐 풀린 야생마 같다.

天地爲一朝, 萬期爲須臾. 劉伶「酒德頌」
천지를 하루아침으로 여기며, 만백 년을 잠깐 동안으로 여긴다.

大兒孔文擧, 小兒楊德祖, 餘子碌碌. 『後漢書 · 彌衡傳』
큰 놈 중에는 공융, 작은 놈 중에는 양수가 그나마 낫고, 나머지는 별 볼일 없다.[6)]

行無轍跡 居無室廬. 幕天席地 縱意所如. 劉伶「酒德頌」
길을 다니는데 수레바퀴 자국이 없었으며, 거처함에 정해놓은 집이 없었고, 하늘을 장막으로 삼고 땅을 자리로 삼았으며, 마음 가는 대로 따라 살았다.(酒德頌-劉伶)

天子呼來不上船, 自稱臣是酒中仙. 杜甫「飮中八仙歌」
천자가 불러도 배에 오르지 않고 스스로 술 취한 신선이라 부르네.

이 외에도 하안(何晏)이 분을 바른 것이나[7)] 완적의 청백안(靑白

6) 동한(東漢)의 명사(名士) 미형(彌衡, 173~198)은 누구든 무시하기로 유명했는데, 그나마 공융(孔融)과 양수(杨修)에 대한 평가는 괜찮았다. 그럼에도 다른 사람과 말할 때 "큰 놈 중에는 공융, 작은 놈 중에는 양수가 그나마 낫고, 나머지는 별 볼일 없다"고 했는데, 당시 그의 나이가 20세, 공융의 나이는 40세였다.

7) 진(魏晉) 시기 현학가(玄學家) 하안(何晏, ?~249)은 외모 치장을 좋아해서 외출

眼)[8] 등은 모두 이와 관련된 좋은 예이다.

둘째, 의기소침과 자포자기.

도가 사상의 여독에 깊이 물든 명사들 가운데 어떤 이는 평생 목욕을 하지 않아 온몸에 이가 득실거렸고 이에 따라 '이(虱)'가 그들을 대표하는 단어가 되었다. 그들에게 인생이란 고통스러운 꿈이며 꼭두각시놀음일 뿐으로 죽으면 썩어 없어지는 것은 누구나 똑같다고 생각했다. 따라서 종일토록 주색잡기에 빠져 놀고 마셨으며 돈을 물 쓰듯 쓰다 돈이 떨어지면 길거리에서 잠자는 것이 다반사였다. 이들은 인생을 어린아이 장난으로 여겨 삶의 진정한 가치를 도외시했으니 이것이 바로 큰 약점이다.

할 때는 항상 얼굴에 분을 바르고 여성의 복장을 했다는 기록이 있다.

8) 『진서(晉書) · 완적전(阮籍傳)』에 나온다. 위진 시대 때, 노장철학에 심취하여 대나무 숲속에 은거하던 죽림칠현(竹林七賢) 가운데 완적(阮籍)이란 인물이 있었다. 그는 예의범절에 얽매인 지식인을 보면 속물이라 하여 백안시(白眼視)했다고 한다. 하루는 죽림칠현의 한사람인 혜강(嵇康)의 형 혜희(嵇喜)가 찾아왔는데, 완적이 냉대하여 흘겨 보았다. 혜강이 이 이야기를 듣고 술과 거문고를 가지고 찾아가자 완적은 크게 기뻐하며 청안(淸眼)으로 맞이했다. 이처럼 상대가 친구의 형일지라도 완적은 그가 속세의 지식인인 이상 청안시하지 않고 백안시했던 것이다. 이 때문에 당시의 지식인들은 완적을 몹시 미워했다고 한다.

3. 신유가(도가와 불가의 영향을 받은 후의 유가)

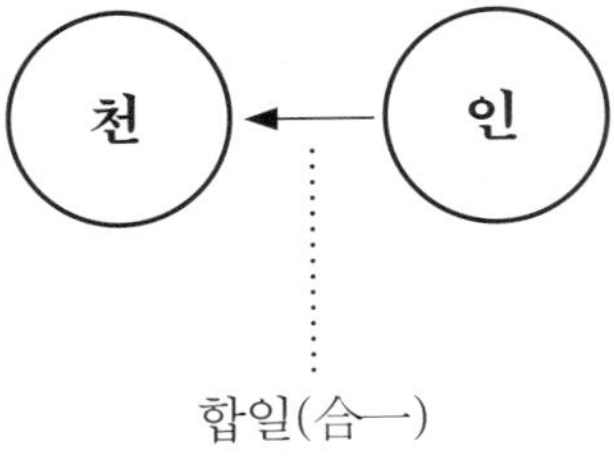

신유가의 대표 인물로는 고대의 자사(子思)와 맹자, 중고시기의 양웅(揚雄), 동중서, 근세의 육왕(陸王)학파 등이 있다. 그들은 유가의 폐단을 비판하고 도가의 장점을 취했는데 사상의 핵심은 천인합일이다. 아래 그림에서도 알 수 있듯이 신유가는 유가를 좇아 '사람'의 지위를 향상시켰고, 도가를 좇아 '사람'의 가치를 제한했다. 도가는 사람이 마땅히 자연 가운데에서 소요(逍遙)해야 하며 자연을 벗어나서는 안 된다고 했다. 신유가는 아마 이렇게 말했을지도 모른다. "사람(人)은 자연(天) 속에 몰입해야 하고, 자연도 마찬가지로 사람 속에 몰입해야 한다. 천이 인과 합일된다면 인격이 넓어지고 고명해져서 더욱 높은 정신적 경지에 이르지 않겠는가?" "만물은 모두 나에게 갖추어져 있다(萬物皆備於我矣. 『孟子 · 盡心上』)" 고 말한 맹자의 사상은 중고(中古)시기에 와서 크게 흥성하였다.

양웅은 이렇게 말했다.

聖人仰天則常窮神掘變, 極物窮情, 與天地配其體, 與鬼神即其靈, 與陰陽挻其化, 與四時合其誠. 『太玄经 · 太玄文第十二』
성인이 하늘을 우러러보고 신묘함과 변화무쌍함을 궁구하셨다. 만물의 도리에 통달하고 정을 다하니 천지와 그 몸을 같이하시고 귀신과 그 영을 같이하시고 음양과 그 변화를 같이하시고 사시와 그 성을 합하셨다.

근세에 들어와서 암암리에 불교의 도움을 받은 신유가는 세력이 더욱 확장됐다. 육상산(陸象山)은 "우주는 내 마음이요, 내 마음이 곧 우주다(宇宙便是吾心, 吾心卽是宇宙. 『象山文集』)"라고 했고, 왕양명(王陽明)은 "대인은 천지만물과 일체를 이루는 사람이다. 천하를 한 집안으로 여기고 나라를 한 사람으로 여긴다(大人者以天地萬物爲一體者也, 其視天下猶一家, 中國猶一人焉. 『傳習錄』)"고 했다. 이 학파의 장점은 인생의 위상을 높여줌으로써 사람들을 낙관적으로 만들어 주었다는 데 있다. 인간의 품성은 본래 선하기 때문에 본성에 쌓인 먼지를 떨어내 밝게 빛나게 만들어 주는 수양과 공부만으로도 본성을 회복하기에 충분하다 했으니 이 어찌 반길 만한 일이 아니겠는가! 그러나 세상일이란 그렇게 쉬운 것이 아니다. 양지(良知), 현(玄), 천진(天眞), 불성(佛性) 등은 그다지 견고하지 않아서 인생에서의 악은 쉽게 사라지지 않는다. 신유학은 인생을 너무 호락호락하게 봤으며 이로 인해 쉽게 방종으로 흐르곤 했다. 명대 말엽, 양명학이 '광선(狂禪)'으로 변질된 것이 좋은 예이다.

4. 묵가와 법가[실리파(實利派)]

묵가와 법가는 실리파라 할 수 있는데 각 시대를 대표하는 인물로는 다음과 같은 이들이 있다. 고대에는 묵자와 묵가, 윤문자(尹文子), 법가의 시조인 순자(荀子)와 한비자(韓非子) 등이 있고, 중고시기에는 한(漢)의 왕충(王充), (비록 도가에 편향되기는 했지만) 송(宋)의 왕안석(王安石), 여동래(呂東萊), 그리고 영가학파(永嘉學派) 등이 있으며, 근대에는 청(淸)의 안원(顔元), 이공(李塨) 등이 있다. 이 학파의 특징은 다음의 다섯 가지로 설명할 수 있다.

(1) 진리판단의 기준이 되는 것은 사실이지 이론이 아니며 효과이지 마음이 아니다.

이것은 유가가 표방하고 있는 "의를 바르게 하되 이를 도모하지 말며, 도를 밝히되 공을 따지지 말라(正其義不謀其利, 明其道不計其功.『孟子 · 盡心下』)"는 말과 상반된다. 유가는 사람의 행위를 판단할 때 반드시 그 마음을 따져 묻는다. 그러나 묵가와 법가는 의도의 좋고 나쁨은 따지지 않고 단지 결과가 어떠한지만을 따진다. 묵자는 세 가지 표준(三標)을 세웠는데 모두 효과와 사실에 근거한 것이었다.

有本之者, 有原之者, 有用之者. 於何本之? 上本之古者聖王之事. 於何原之? 下原察百姓耳目之實. 於何用之? 發以爲刑政, 觀其中國家百姓人民之利. 此所謂言有三表也. 『墨子 · 非命上』
근본이 되는 것이 있고, 근거가 되는 것이 있고, 쓰임이 되는 것이 있다. 어디에 근본이 있는가? 위로는 옛 성왕의 사적(事蹟)에 근본을 두어야 한다. 어디에 근거가 있는가? 아래로는 서민들이 보고 들은 바에서 근거를 구하여야 한다. 어디에 쓰임이 있는가? 형정(刑政)으로써 드러내되 그것으로써 나라와 백성의 이익에 합치되는가를 살펴야 한다. 이것이 소위 말하는 삼표이다.

(2) 이익과 손해는 개인이 아닌 다수 사람을 기준으로 삼아 판단해야 한다.

이것은 영국의 벤담과 밀 등 공리주의자들이 주장한 '최대 다수의 최대 행복'이라는 말과 상당히 흡사하다. 다수의 행복을 위해서라면 개인의 희생은 그리 중요한 것이 아니다. 따라서 묵자 자신도 "이마부터 발뒤꿈치까지 가루가 된다 해도 천하가 이롭다면 그렇게 한다(摩頂放踵, 利天下爲之. 『孟子 · 盡心上』)"고 했던 것이다. 그는 '개인'은 마땅히 '공중(公衆)'의 도구가 되어야 하며 공중으로써 개인을 대신해야 한다고 주장했다. 따라서 묵가는 "겸애로써 별애를 대신해야 한다(兼以易別. 『墨子 · 兼愛下』)"는 말을 기치로 내걸었다. 즉 개인[別]의 행복과 쾌락을 희생해 다수[兼]의 행복과 쾌락을 추구해야 한다는 뜻이다. 묵가는 소수보다 다수, 개인보다 사회를 중시했기 때문에 다수가 좋아하고 싫어하는 것이 무엇인지를 잘 파악하는 것이 중요하다고 생각했다.

民惡憂勞, 我快樂之. 民惡貧賤, 我富貴之. 民惡危墜, 我存安之. 民惡滅絶, 我生育之. 『管子書』
백성은 근심과 노고를 싫어하므로 군주는 그들을 편안하고 즐겁게 해 주어야 한다. 백성은 가난하고 천한 것을 싫어하므로 군주는 그들을 부유하고 귀하게 해 주어야 한다. 백성은 위험에 빠지는 것을 싫어하므로 군주는 그들을 보호하고 안전하게 해 주어야 한다. 백성은 후사가 끊기는 것을 싫어하므로 군주는 그들이 잘 살도록 해 줘야 한다.

仁人之事者, 必務求興天下之事, 除天下之害. 『墨子 · 兼愛下』
인한 사람의 일이란 반드시 천하의 일을 흥하게 하고 천하의 해악을 제거하는 것이어야 한다.

(3) 행복과 쾌락은 실용과 관계된 것이지 정신적인 것이 아니다. 이것을 공식으로 표현하면 다음과 같다.

利=用
好=利

∴ 用=好

음식은 좋은 것이다. 왜냐하면 배고픔을 채워 주기 때문이다. 그러나 식탁 위의 꽃과 식탁보는 실용성이 없는 사치품이기 때문에 좋다고 할 수 없다. 집은 좋은 것이다. 왜냐하면 집은 “겨울에는 추위를, 여름에는 더위를 피할 수 있고, 남녀의 구별을 가능하게 해 주기 때문이다(曰冬避寒焉, 夏避暑焉, 室以爲男女之別也.『墨子 · 非樂』).” 장식과 미술, 음악, 예절 등은 실용적이지 않기 때문에 묵자는 나쁘다고 한 것이다. 이 학파의 유일한 가치 표준은 “어떤 쓸모가 있는가?”라는 것이다. 실용적인 필요만 중시하고 수준 높은 기호(嗜好)는 배척하자는 것인데 다수를 중시하는 묵가로서는 당연한 결론이라고 할 수 있다.

(4) 이상적인 인생이란 후천적 노력과 학습에 의해 이루어지는 것이지 선천적으로 타고난 본성에 의해 정해지는 것이 아니다.

유가와 도가는 모두 사람이 본래 선하다고 여긴다. 그러나 법가는 인성이란 원래 악하며 선한 사람이 되는 것은 오랜 경험과 학습을 통해서만 가능하다고 생각한다.

聖人也者, 人之所積也. 人積耨耕而爲農夫, 積斲削而爲工匠, 積反貨而爲商賈, 積禮義而爲君子.『荀子』

성인이란 후천적으로 만들어진 것이다. 사람이 밭을 갈다 보면 그

경험이 쌓여 농부가 되고, 나무를 깎다 보면 기술자가 되고, 물건을 사다 보면 상인이 되고, 예의를 행하다 보면 군자가 된다.

講之功有限, 習之功无已. 孔子惟與弟子今日習禮, 明日習射. 『顔習齋』
가르치는 것은 유한하지만 익히는 것은 끝이 없다. 공자는 제자들과 함께 오늘은 예를 익히고 내일은 활쏘기를 익혔다.

夫木斲之而爲器, 馬服之而爲架, 非生而能然也, 劫之於外而服之以力者也. 『王安石』
나무를 깎아야 그릇이 되고 말을 훈련시켜야 마차로 쓸 수 있다. 이것은 나면서부터 할 수 있는 것이 아니니 외부의 힘으로 훈련시킨 것이다.

喜怒哀樂愛惡欲七者, 人生而有之, 接於物而後動, 動而當理者, 聖也, 賢也. 不當理者, 小人也. 『王安石』
기쁘고 노하고 슬퍼하고 즐거워하고 좋아하고 싫어하고 바라는 일곱 가지는 사람이 나면서부터 가지고 있었던 것으로 사물과 접한 뒤 발하게 되는데 발하는 바가 이치에 합당하면 성인이고 현인이요, 이치에 합당하지 않으면 소인이다.

이 학파는 내향적 명상보다는 실질적 실천과 실제 접촉을 중시한다. 또한 인격이란 부단한 실제 경험을 통해 형성되는 것으로 여긴다. 미국 철학자 제임스(W. James)의 실용주의는 이 학파의 사상과 매우 비슷하다.

(5) 사람이 선한지 악한지는 밖으로 드러난 행위로 판단해야지 그 사람의 마음이 어떤지와는 상관이 없다.

이 학파는 법치를 매우 중요하게 생각한다. 또한 선악이란 배움을 통해서 얻어지는 것이기 때문에 밖으로부터 주어지는 상벌도 매우 중요하다. 묵자는 「상동(尙同)」에서 군주의 권한 및 상벌이 백성들의 생활에 어떻게 행사되어야 하는지 중점적으로 설명하고 있다. 『장자』에서 '묵가'적 경향을 보이는 인물로 소개된 윤문자는 이렇게 말했다. "세상의 모든 일은 하나로 귀결되고, 세상의 모든 기준은 법에 근거한다(萬事皆歸於一, 百度皆準於法. 『尹文子 · 大道上』)." 묵자도 이렇게 말했다. "천자가 선한 사람을 얻으면 상을 내리고 포악한 사람을 얻으면 벌을 내린다. 선인에게 상을 내리고 폭인을 벌하면 천하는 반드시 다스려질 것이다(天子得善人而賞之, 得暴人而罰之, 善人賞而暴人罰, 天下必治矣. 『墨子 · 尙同下』)." 관자도 이렇게 말했다. "사람의 마음에 두려워하는 바가 있기에 법을 따르는 것이다(人之心悍, 故爲之法. 『管子 · 樞言』)." 여기서 알 수 있듯이 실리파의 인생관은 법치주의적 정치관과 연결된다. 이는 덕을 중시하고 법을 경시하는 유가의 중덕경법(重德輕法) 사상과 반대되는 것이다. 홉스나 벤담 같은 서양의 공리주의자들도 국가권력이 개인의 도덕 행위보다 더 중요하다고 여긴다. 이 점에서는 중국의 법가나 묵가의 학설과 비슷하다.

이 학파의 장점은 사실에 기초하여 끊임없이 현실을 개조한다는 것과 미래 지향적인 진취적 정신을 키우는 데 도움이 된다는 것이다. 위에서 말한 세 학파와 비교해 볼 때, 이상적 인생관의 측면에서 큰 차이가 있다. 이것을 도식으로 표현하면 다음과 같다.

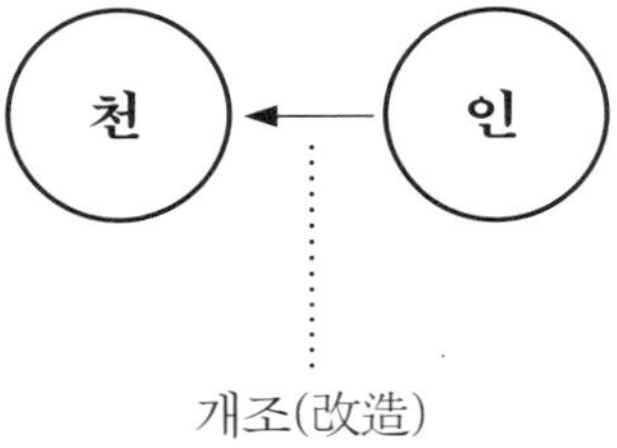

인간과 천(자연, 우주)의 관계에 대해 유가는 '본받는 것(效法)'을 중시했다. 천을 사람보다 우위에 두고 사람은 마땅히 천을 본받아야 한다고 생각한 것이다. 도가는 '몰입'을 중시했다. 천을 절대 무한의 존재로 봄으로써 사람이 지위를 다투는 것은 아무런 의미가 없다고 주장한 것이다. 신유가는 '합일'을 주장했다. 비록 한 순간 사람의 지위를 높일 수는 없지만 사람이 '하늘에 기대어 사는' 존재라는 점은 부정할 수 없다고 했다.

묵가와 법가만이 천이 반드시 선한 존재는 아니며 인간의 이상적 모범도 아니라고 주장했다. 사람이 천의 일부를 '개조'할 수 있다면 사람의 인격도 그만큼 높아질 수 있다고 본 것이다. 순자는 과감하게 다음과 같이 말했다.

> 大天而思之, 孰與物畜而制之. 從天而頌之, 孰與制天命而用之. 『荀子 · 天論』
>
> 하늘이 위대하다고 사모하는 것과, 물자를 비축하여 하늘을 제어하는 것 중에서 어느 것이 더 나은가? 하늘에 순종하여 그것을 칭송하는 것과 천명을 통제하여 그것을 이용하는 것 중에서 어느 것이 더 나은가?

이 말의 의미는 사람이 자연을 개조하면 개조할수록 더 발전한다는 것이다. 도가는 이렇게 말했다. "배움(學)은 날로 더하여 채우는 것이며, 도(道) 닦음은 날로 줄여서 비우는 것이다(爲學日益, 爲道日損. 『道德經』 48장)." 따라서 학문과 지식의 수준이 매우 낮아서 무(無)에 가까운 사람, 즉 가장 우둔한 사람이야말로 가장 이상적인 사람이라는 것이다. 그러나 묵가와 법가는 이런 주장에 반대한다. 사람은 반드시 배워야 하며 실제적인 경험을 통해 인격을 완성시켜야 한다는 것이다.

> 枸木必將待檃栝烝矯, 然后直. 鈍金必將待砻磨, 然后利. 『荀子 · 性惡』

굽은 나무는 반드시 불에 쬐어서 바로잡아야 곧아지며, 둔한 금속은 반드시 갈고 닦은 후에야 날카로워진다.

도가는 '무위'를 중시한다. 그러나 묵가와 법가는 '행위(爲)', '움직임(動)', '만듦(做)', '함(幹)'을 중시해서 아무것도 하지 않는 것보다 무엇이든 하는 것이 낫다고 여긴다.

潔而不舍, 金石可鏤. 『荀子 · 勸學』
멈추지 않고 새기면 쇠와 바위도 조각할 수 있다

聖人者, 僞之極也.[9)]
성인이란 인위의 극치이다.

실제 경험을 중시하고 인간과 자연을 개조하고자 하는 진취적인 정신은 사람이라면 마땅히 본받고 갖추어야 할 것으로 이것은 유가와 도가, 신유가가 갖고 있지 않은 점이다.

(注) 사람이 천을 개조한다는 사상은 묵자의 '천지(天志)'와 직접적으로 모순되는 듯이 보인다. 그러나 이것은 묵자가 말하는 천

9) 원서에는 순자의 말이라고 나오지만 『순자』에서 찾을 수 없다. 이 말은 차이위안페이가 쓴 『중국윤리학사』에 나온다. "禮者不出於天性而全出於人爲. 故曰, 積僞而化謂之聖. 聖人者, 僞之極也."("第6章 荀子")

이 우리가 알고 있는 천의 개념과 다르기 때문에 생긴 오해이다. 우리가 말하는 천은 하늘, 즉 대우주를 대표한다. 묵자의 천은 인간이 부리고, 조종하고, 이용해야 할 대상으로 이것은 순자의 사상과 다르지 않다. 한편으로는 하늘의 신[天神]을 숭배하라 하지만 다른 한편으로는 자연을 정복하라고 외치는 것! 이것이 하늘에 대한 서양 사람들의 일반적인 태도이다. 묵가와 법가의 차이를 한 마디로 말하자면 전자는 '천신'의 신앙이 있으나 후자는 없다는 점이다. 그러나 '자연천(自然天)'에 대해서는 양자가 모두 개조의 필요성을 말하고 있으니 결론적으로 그들을 한 학파로 묶을 수 있을 것이다.

이 학파의 단점으로는 다음과 같은 것이 있다.

(1) 과도하게 효용을 중시하고 열성(熱誠)은 경시하는 측면이 있다.

장남헌(張南軒)은 유가를 대표해서 다음과 같이 말했다.

蓋聖賢無所爲而然也. …… 凡有所爲而然者, 皆人欲之私, 而非天理之所存, 此義利是分也. 『南轩文集』

성현이란 하는 바가 없이 그러한 것이다. …… 하는 바가 있은 후에 그러한 것은 모두 인욕의 사사로움이지 천리의 고유한 것이 아니다. 여기서 의와 리가 나뉘는 것이다.

다이지타오(戴季陶)[10]는 『일본론(日本論)』에서 일본 사람들의 독립성과 통일성에 대해 찬탄하며 이해타산을 멀리하는 정신을 배워야 한다고 말했다. 효용만을 인생의 이상적 목표로 삼는다면 인생의 가치가 대부분 사라져 버리고 말 것이다.

(2) 다수의 행복을 가치의 최고 표준으로 삼는 것은 이론적으로는 그럴듯해 보일지 몰라도 현실적으로는 적지 않은 어려움이 있다. 십여 명으로 이루어진 조직과 단체일지라도 '다수결 원칙(Majorityrule)'을 일률적으로 적용하기 쉽지 않은데, 하물며 국가를 대상으로 하는 경우라면 어떻겠는가? 대중들은 쉽게 맹종하고 여론에 잘 휩쓸리니 현대 민주주의의 실패가 여기에서 기인하는 것이다.

5. 오늘날 필요로 하는 이상적인 인간상

이상(理想)은 절대로 사실을 떠날 수 없으니 사실을 떠난 이상은 환상이거나 공상이다. 사실에는 두 가지가 있다. 1. 시간적 사실. 대표적인 예는 역사이다. 2. 공간적 사실. 대표적인 예는 환경이다. 우리는 한편으로는 수천 년을 이어온 유구한 역사 속에 드러난 개인적 이상을 계승해야 하며, 다른 한편으로는 서양 근대 문화가

10) 다이지타오(戴季陶, 1890~1949). 중국 국민당 우파 지도자, 정치가.

만들어 낸 이상을 수용해야 한다. 그렇다면 여기서 어떤 것들을 취사 선택할 것인가?

(A) 고유한 정신 가운데 보존해야 할 것

1. 도가 사상 가운데 관습과 풍속에 대항하는 기백......(勇)

2. 유가 사상 가운데 우주와 합일하려는 기상......(仁)

3. 묵가 사상 가운데 실사구시(實事求是)의 정신......(智)

이 세 가지 정신을 하나로 모아 적절하게 융화시키고 균형 있게 발전시킨다면 이보다 나은 것이 없을 것이다. 그러나 인생이란 너무 깊이 파고들면 도리어 편협하게 흐를 수 있고 그렇다고 모든 측면을 공평하게 고려하자니 결코 쉬운 일이 아니다. 도가의 반항적 성향이나 유가의 융합적 성향은 서로 충돌한다. 또한 도가가 중시하는 독립성과 개인성은 묵가의 다수를 중시하는 공리적인 경향과 거리가 있다. 묵가의 실용정신은 유가의 동기주의 및 중용정신과도 융합되지 않는다. 따라서 이 세 학파가 병립한다는 것은 이론적으로 불가능해 보인다. 그러나 이상이란 한 번 완성되면 고정 불변하는 것이 아니라 시대와 상황의 변화에 따라 중점이 바뀌고 적절한 방향으로 중심 이동하는 것이다. 그렇다면 현재의 상황에 비추어 볼 때 어떤 사상이 세상을 변화시키는 데 가장 적절한 것일까? 유가 사상은 잠시 접어두고 먼저 도가 사상을 살펴보자. 도가 사상은 기존 질서를 파괴하려는 성향의 혁명사조와 서로 잘 어우러지기 때문에 일시적으로 많은 호응을 얻긴 하겠지만 얼마 지나지 않아 그 기운은 크게 약해질 것이다. 그렇다면 그 이후에는 어떤 것이 주류사상이 될 수 있을까? 내 생각에 현대의 과학정신과 서로 잘 결합할 수 있는 묵가의 사상이 앞으로 4, 50년간은 중요한 세력으로 대두될 것이다.

(B) 서양 문화와의 접촉과 영향

서양문화의 원천은 두 가지가 있다.

a. 헤브라이즘, 즉 기독교 문명. b. 헬레니즘, 즉 희랍문명.

헤브라이즘에서 추구하는 이상적인 인간상은 중국의 유가와 대체로 비슷하다. 즉 앞에서 제시한 도식으로 표현하자면 다음과 같다.

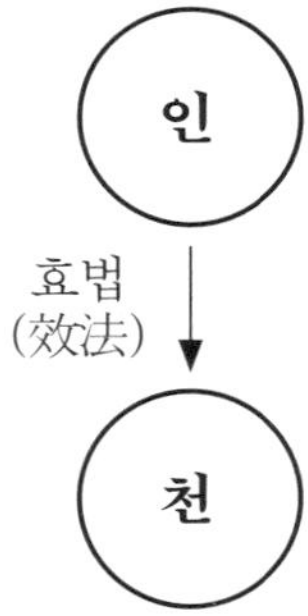

헤브라이 민족의 종교인 유대교의 창시자는 모세이다. 모세에 따르면 여호와는 정의의 신이기 때문에 마땅히 경외하고 복종해

야 한다. 이것은 중국에서 요임금을 일컬어 "삼가 하늘을 본받으셨다(欽以法天)"라고 떠받드는 것과 별반 차이가 없다. 예수는 헤브라이의 교의(敎義)를 바꿈으로써 기독교의 시조가 되었다. 예수가 생각하는 이상적인 인간상은 다음의 한 마디 말로 집약된다. "너희도 하나님을 닮아 완전한 존재가 되어야 한다." 여기서 볼 때, 헤브라이 계통은 하나님(여호와 상제)을 위대한 '인간의 모범'으로 여기고 있음을 알 수 있다. 중국의 일부 기독교도들 중에도 기독교 사상을 유가의 사당에 끌어들임으로써 기독교 문화와 중국의 고유문화를 융합시키려는 이들이 있다. 그러나 여기에는 두 가지 모순이 있다. 첫째, 하나님 아버지와 예수의 관념이 직접적으로 충돌한다. (판광단(潘光旦)[11]이 『중국유미학생계보(中國留美學生季報)』 11권에 쓴 「기독교와 중국(基督敎與中國)」이라는 글과 그의 저서 『중국인의 가정문제(中國人之家庭問題)』 부록을 보라. 중국에서는 대대로 '아버지'가 가정생활의 중심이었는데 기독교에서는 세속의 아버지를 버리고 하늘의 아버지를 섬기라고 한다는 것이다.) 둘째, 불교 사상(신에 의한 창조가 아닌 연기(緣起)에 따른 것이라는)에 비해 기독교의 형이상학적 근거(즉 인격신과 천지창조설)는 중국인의 정서에 덜 부합한다. 중국에서 기독교가 어느 정도 지위를 얻게 되려면 가정, 특히 효에 대한 중국인의 관념이 크게 바뀌거나, 기독교에서 말하는 '인격신'에 대한 해석이 과학적 사실과 이론에 부합하게 되거나, 혹은 중국에 과학이 충분히 발달해

11) 판광단(潘光旦, 1899~1967). 중국 현대의 사회학자, 우생학가(優生學家), 민족학자, 교육학자.

야 할 것이다. 이때의 신신학(新神學)은 신과학 지식(새뮤얼 알렉산더(Samuel Alexander)의 『공간, 시간, 그리고 신성(Space, Time, & Deity)』과 콘위 로이드 모건(Conwy Lloyd Morgan)의 『생명, 마음, 그리고 정신(Life, Mind, and Spirit)』을 참고하기 바란다. 신과학에서는 최신 화학과 생물학 성과를 흡수하여 창발론(創發論, Principle of Emergence)[12]으로 상제를 해석하고 있다)을 기초로 탄생하게 될 것이다. 이것이 바로 감히 내가 말하고자 하는 것이다. 어떤 이는 과학이 발달하면 종교는 사라질 것이라고 주장한다. 그렇지만 과학이 발달하면 종교 또한 함께 발전한다. 다시 말하자면 과학이 발달해야만 종교의 지위도 높아질 수 있는 것이다. 중국에서 오늘날까지도 원시종교가 도처에 넘쳐나고 미신이 위력을 떨치고 있는 이유는 과학이 충분히 발달하지 않았기 때문이다. 이 어찌 통탄할 일이 아니겠는가!

희랍 문화 속에 나타난 이상적인 인간상은 '지혜를 사랑하는 사람(愛智者)'으로 이들은 과학자이면서 철학자였다. 자연에 대한 그들의 태도는 깊이 묻고 탐구하는 것(To investgate, 이지적 활동)으로

---

12) '창발론'은 20세기 초 다윈의 진화론의 기초 하에서 제기된 이론으로 '창발 진화론'이라고도 하며 대표 학자로는 콘위 로이드 모건과 새뮤얼 알렉산더가 있다. 그들은 진화를 항상 균일하고 연속적인 발달 과정으로 보기보다는 '창발적인 것들'의 갑작스러운 출현으로 야기된 '불연속성'과 '비약성', '예측 불가능성'을 특징으로 갖는 과정으로 보았다. 또한 살아 있는 자연에서 다종성, 다양성, 그리고 복잡성이 폭넓게 일어나지만 이전의 기능과 특성들로 환원될 수 없다며 환원주의와 기계주의를 수반하는 진화적 자연주의를 비판했다.

감상이나 융합(To appreciate, 정감적 활동)을 중시하는 유가와는 다르다. 이것을 도식화하면 다음과 같다.

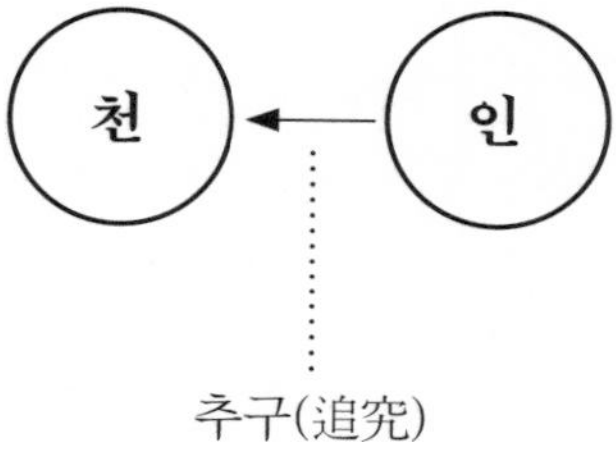

그들이 생각하는 최고의 이상적인 인격자는 자연을 알고 자연을 다스리는 자(Knowledge of nature and power over nature)이다. 플라톤(Platon)이 『이상국(理想国)』에서 말하고 있는 철인정치의 철인(哲人)이 여기에 해당한다. 베이컨(F. Bacon)은 천국을 허물고 '인간의 왕국(Kingdom of man)'을 이 땅에 세웠다. 인간의 왕국에서는 과학자들이 왕의 자리에 올랐으며, 이들은 인간을 위해 하늘의 법칙을 정복하는 데 힘썼다. 이에 따라 인생의 목적도 자아실현, 자아승화, 자아확장으로 바뀌었는데,(표면적으로 보면 기독교 문화는 희랍 문화와 충돌하는 것처럼 보이지만 둘 다 서구 문화의 산물이기 때문에 전적으로 자아확장을 중시하는 새로운 윤리에 기반하고 있다. 제임스는 상제를 The wide self라고 해석하였는데, 이것이 대표적인 예이다.) 이것은 중국의 이상적인 인간상과 근본적으로 다르다. 비록 역사적으로 묵가나 법가와 같은 실용주의 학파가 존재하긴 했지만 세력은 매우 약했으며 얼마 지속되지도 못했다. 유가의 정주(程朱)가 중시한 '궁리(窮理)'의 '리(理)'는 희랍의 '로고스(Logos)'와 비슷한 면이 있고, 주자가 '태극'을 '극지(極至, The Ultimate)'로 풀이한 것도 상황과 타협하지 않고 끝까지 돌진하는 희랍인들의 정신과 상통한다. 그러나 정주학파의 궁리는 궁리를 위한 궁리가 아닌 수신을 위한 궁리(not knowledge for knowledge, but knowledge for life)로 희랍 사상과 달리 도덕적 색채가 매우 강하다. 희랍 사상의 보수적 측면을 이루고 있는 소크라테스의 지덕합일(智德合一) 사상은 정주 사상의 근본정신과 상당히 비슷하며 중국 청대의 고증학 사상도 희랍정신과 부합하는 면이 있다. 그러나 고증학자들이 힘쓴 분야는 자구 해석과 경서 고증으로 결국 '도통(道統)'은 공양학파(公羊學派)[13]로 넘어가는 결과를 낳게 되었다. 이런 상황에서 묵자 사상에 대한 주석본들이 봇물 터지듯 출판되어 나오고 대동원(戴東原) 철학이 다시 빛을 보게 되었다. 이처럼 희랍 정신과 이상을 동경하는 흐름이 생겨난 듯하나 이런 풍조가 언제까지 지속될지는 알 수 없다. 중국의 '중(中)' 사상은 뿌리가 매우 깊다. 광활한 대지의 지리적 환경은 관용과 조화, 균형과 융합의 사상을 만들어 냈다. 이에 비해 '투철'한 과학정신은 중

13) 공양학파(公羊學派)는 19세기 말부터 20세기 초기 대두된 유학의 학파이다. 청대 중기에 유행하던 고증학(考證學)이 문자고증에만 치중하다 현실의 위기에 제대로 대응하지 못하자 전한(前漢) 시기 금문학(今文學)의 '미언대의(微言大義)'를 중시하며 정치적, 사회적 실천에 직결되는 경세치용의 학(學)을 강조하며 등장하였다.

국인과 잘 맞지 않는다. 언젠가 지리적으로나 혈통적으로 급격한 변화가 일어나 중국인의 마음에 강렬한 자극이 가해지지 않는다면 중국에서 과학이 빛을 발하기는 쉽지 않을 것이다.

마지막으로 한 마디 덧붙이겠다. 우리가 기대하는 과학을 기초로 한 이상적인 인간이란 서양 사람들이 말하는 것과 같이 '객관으로 주관을 부리는(Conquest of non-self by self)' 섬뜩한 정신을 말하는 것이 아니다. 투철한 탐구 정신도 중요하지만 자아실현도 중요하다. 두뇌는 차가워야 하지만 피는 뜨거워야 한다. 인간은 자연을 부릴 수도 있지만 자연과 친해질 수도 있다. 서양의 이상적 인간상은 편협함으로 인해 큰 대가를 치렀으며(1차 세계대전으로도 아직은 모자란 듯하다.) 서양인들은 서구문화에 큰 변화가 필요하다는 깨닫게 되었다. 어쩌면 동서양의 문화가 융합되어 새로운 세계에 적응할 수 있는 이상적 인간형이 탄생할지도 모른다. 그렇게 되기를 꿈꿀 수밖에!

제2절

사회적 이상(Social Ideal)

1. 이상사회의 원칙

중국 역사 속에 등장했던 이상사회는 대체로 다음과 같은 사상을 기초로 하고 있다.

A. 천하주의(天下主義)

『서경 · 요전(堯典)』에는 다음과 같은 말이 나온다.

克明俊德, 以親九族, 九族旣睦, 平章百姓, 百姓昭明, 協和萬邦, 黎民於變時雍.

(요임금이) 큰 덕을 밝혀 구족을 친화하고 구족을 화목하게 만든 후, 백성을 공평정대하게 다스려 모든 백성들이 빛나고 밝게 된 후에 온

천하를 고루 화합하게 하니 모든 백성들이 착해져서 화평을 누리게 되었다.

여동래(呂東萊)는 이 문장을 다음과 같이 풀이했다.

…… 至於變時雍, 天下盡在春風和氣中矣!
…… 착하고 화목하게 되었다(變時雍)는 것은 천하에 춘풍화기가 가득하다는 것이다.

이것은 중국인의 마음속 이상향이다. 원래 사회적 이상은 개인적 이상과 상통한다. 천하주의는 개인적 이상 가운데 '천'의 요소로부터 온 것이다. 같은 하늘을 이고 '창창한 하늘(蒼蒼者天)' 아래 삶을 사는 사람들이라면 모두 같은 형제자매이다.

四海之內, 皆兄弟也. 『論語 · 顏淵』
사해지내는 모두 형제이다.

天之所覆, 地之所載, 日月所照, 霜露所隊, 凡有血氣者, 莫不尊親. 『中庸』 31장
하늘에 덮여 있는 곳과 땅이 싣고 있는 곳과 해와 달이 비추는 곳과 서리와 이슬이 내리는 곳에서 모든 혈기가 있는 자들은 높이고 친하여지지 않음이 없을 것이니.

大道之行也, 天下爲公, 是謂大同. 『禮記 · 禮運』
대도가 행하여지면 천하는 널리 공정하니, 이를 일컬어 대동세계라 한다.

大人者, 以天下爲一家, 中國爲一人焉. 王陽明「大学问」
대인이라고 함은 천하를 한 집안으로 여기고 중국을 한 사람으로 여긴다.

역사적으로 중국이 꿈꿔 왔던 이상사회의 범위는 전 세계를 포괄하는 것으로 하나의 국가나 민족을 대상으로 제시된 것은 아니다. 고대 한족을 둘러싸고 있던 종족들은 하나같이 문화적 수준이 매우 낮았다. 동이(東夷), 서융(西戎), 남만(南蠻), 북적(北狄) 등은 한족에 대항할 만한 힘이 없었기 때문에 한족이 국가 관념을 형성하는데 어떤 자극도 주지 못했다. 당시 한족은 '천'에 대한 믿음을 바탕으로 주변 민족들이 '상천(上天)'의 '호생지덕(好生之德)'을 깨닫도록 권유하고 도움으로써 함께 생생지락(生生之樂)을 향유하고자 하였다. 따라서 중국에서는 18세기 유럽에서와 같이 열국(列國)들의 병립과 충돌을 통해 만들어진 강력한 국가주의가 등장하지 않았던 것이다. 전국시대에 군웅이 할거하여 사실상 일곱 개의 독립 국가를 형성하긴 했지만[戰國七雄], 당시 중국인의 머릿속에는 강토와 영역을 기초로 하는 국가개념이 존재하지 않았다. 공자와 묵자, 소진(蘇秦)과 장의(張儀) 등은 열국을 주유하였을 뿐 관직에 나아가지 않았고, 따라서 '매국(賣國)'과도 거리가 멀었다. "공자가 동쪽 오랑캐 땅에 가서 살려고 하자 어떤 이가 묻기를 '천하고 누추한 곳인데 어찌 사시려 하십니까' 하였다(子欲居九夷, 或曰, 陋, 如之何. 『論語 · 子罕』)." 당시 공자를 간첩으로 몰지 않고 단지 낮은 곳에 처하는 것을 좋아했다고 해석한 것은 중국인이 오랑캐를 국가주의 혹은 종족주의의 입장에서 바라보지 않았다는 것이다. 중국은 일찍부터 다른 종족과의 통혼(通婚)에 관대했다. 주나라와 견융(犬戎), 한나라와 흉노(匈奴), 당나라와 돌궐(突厥), 송나라와 요금(遼金) 간에 서로 혼인했던 사실이 역사에 기록되어 있는데, 이는 천하주의의 가장 좋은 예이다(『中大語言歷史硏究週刊』 2輯20期 「中華異族同化考」 參考). 따라서 천하일가(天下一家)의 대동사상은 바로 중국인이 바라는 이상사회를 잘 반영하고 있다고 할 수 있다. 이것은 단지 유가에게만 해당하는 것이 아니라 도가도 마찬가지다. 장자는 국가라는 인위적 경계를 알지 못했던 사람이다. 그는 "물고기는 강이나 호수 속에서 서로를 잊어버리고 사람은 도의 세계에서 서로를 잊어버린다(魚相忘於江湖, 人相忘於道術. 『莊子 · 內篇 · 大宗師』)"고 했다. 양주도 "자신의 몸을 천하의 것으로 생각하고 자기의 물건을 천하의 것으로 여긴다(公天下之身, 公天下之物. 『列子 · 楊朱』)"고 했는데 이는 무정부주의적인 생각으로 장자의 사상보다 더 과격하다. 묵자는 천을 최고로 여겨 최대한 천에 부합하려 했다. 그 결과 대통일의 천하주의가 나온 것이다. 법가의 경우 방법적인 측면에서는 다른 학파와 차이가 있지만 통일을 주장한 측면에서 보면 비슷하다고 할 수 있다.

B. 명분주의(名分主義)

서양인들은 권리와 의무를 중시한다. 가정이나 사회, 정치집단의 각 구성원들은 자신들이 마땅히 얻어야 할 권리를 포기하지 않으며, 또한 자신들의 의무를 충분히 이행함으로써 이상적인 사회를 만들어 낼 수 있다고 생각한다. 그러나 중국인이 생각하는 이상적인 사회에서는 권리와 의무의 구분이 분명하지 않고 명분을 정하는 것을 가장 중요하게 생각한다. 사람마다 각자에게 주어진 이름을 따르고 도를 좇아 직분에 만족하면 질서가 정연해지고 이로부터 자연스럽게 이익이 생겨난다. 유가가 중시하는 정명(正名)의 의미는 "임금은 임금다워야 하고, 신하는 신하다워야 하고, 아버지는 아버지다워야 하고, 아들은 아들다워야 한다(君君臣臣父父子子. 『論語 · 顏淵』)"는 말이 잘 보여주고 있다. 도가는 군신부자(君臣父子)와 효제충신(孝悌忠信)을 신랄하게 비판하고 있는 것처럼 보이나 자세히 들여다보면 도가가 반대한 것은 인위적 명분일 뿐, 자연적 명분에 대해서는 마땅히 따라야 한다고 생각했다. 여기서 말하는 '자연적 명분'이란 무엇인가. 그것은 새가 새의 본분을 따르고 짐승이 짐승의 본분을 따르고 어린아이가 어린아이의 본분을 따르고 어른이 어른의 본분을 따르는 것 등이다.(『장자 · 지락(至樂)』의 '魯侯

養鳥'[1] 단락을 참고하기 바란다.) 양주는 "사람마다 터럭 하나 다치지 않고, 사람마다 천하를 이롭게 하지 않으면 천하는 다스려 질 것이다(人人不損一毫, 人人不利天下, 天下治矣. 『列子 · 楊朱』)"라고 했으니 자연적 명분주의가 만들어 낸 이상사회가 어떠한지 어렵지 않게 상상해 볼 수 있다. 묵가의 명분주의는 더욱 분명하다.

> 各從事其所能. 『墨子 · 節用中』
> 각자 자기가 할 수 있는 바에 종사한다.

> 各因其力所能至而從事焉. 『墨子 · 公孟』
> 각자 그 능력이 되는 것에 종사한다.

> 譬若築牆然, 能築者築, 能實壤者實壤, 能掀者掀, 然後牆成. 『墨子 · 耕柱』

---

1) 원문은 다음과 같다. 昔者海鳥止於魯郊, 魯侯御而觴之于廟, 奏九韶以爲樂, 具太牢以爲膳. 鳥及眩視憂悲, 不敢食一臠, 不敢飮一杯, 三日而死. 此以己養養鳥也, 非以鳥養養鳥也. 夫以鳥養養鳥者, 宜栖之深林, 遊之壇陸, 浮之江湖, 食之鰍鯈, 隨行列而止, 委蛇而處. 옛날에 어떤 바다 새가 노나라 교외로 날아들었다. 노나라 임금은 그 새를 맞아 묘당 위에서 연회를 열어 구소를 연주하고, 태뢰의 성찬을 베풀어 환대하였다. 그러나 그 바다 새는 도리어 눈이 어지럽고 마음이 슬퍼서 고기 한 점 먹지 못하고, 물 한 모금 마시지 못한 채 사흘 만에 죽고 말았다. 이것은 자기를 기르는 방법으로 새를 기르는 것이지, 새를 기르는 방법으로 새를 기르는 것이 아니다. 새를 기르는 방법으로 새를 기르려고 한다면, 그 새가 깊은 숲 속에 깃들어 살고, 광활한 대지에서 노닐며, 강과 호수에서 헤엄치면서 미꾸라지와 피라미를 먹고 새떼의 행렬 속에 머무를 수 있게 하여 자유롭게 해야 한다.

비유를 하자면 담을 쌓는 것과 같다. 흙을 잘 다지는 사람은 흙을 다지고 흙을 잘 나르는 사람은 날라다 넣고 감독을 잘하는 사람은 감독을 하면 된다. 그런 후에야 담이 완성되는 것이다.

이 말은 흙을 다지는 축(築)의 직분을 지닌 사람은 축의 본분을 다하고, 흙을 나르는 실(實)의 직분을 지닌 사람은 실의 본분을 다하고, 감독을 하는 흔(掀)의 직분을 지닌 사람은 흔의 본분을 다해야만 사회가 편안해지고 발전하게 된다는 것이다. 법가는 훨씬 더 명분을 중시했다. 법가의 시조격인 순자는 「왕제(王制)」에서 이렇게 말했다.

人何以能群？曰分. 分何以能行？曰以義. 『荀子 · 王制』
사람은 무엇 때문에 무리지어 살 수 있는가? 직분이 있기 때문이다. 직분은 어떻게 행할 수 있는가? 의로움이 있기 때문이다.

윤문자도 이렇게 말했다.

萬物具存, 不以名正之, 則亂. 自古及今, 莫不用此而得, 用彼而失. 失者由名分混, 得者由名分察. 『尹文子 · 大道上』
만물은 함께 존재하니 명분으로 바르게 하지 않으면 혼란만이 있을 뿐이다. 예로부터 명분을 사용하면 얻지 못함이 없었고 다른 것을 사용하면 잃기만 할 뿐이었다. 잃는 것은 명분의 혼란으로부터 온 것이오, 얻은 것은 명분을 잘 살피는 것으로부터 온 것이다.

이회(李悝)의 『법경(法經)』[2)]과 소하(蕭何)의 『한율(漢律)』[3)]도 모두 그 출발점이 명분으로, 결론적으로 말하자면 중국인의 사회철학은 '이원성(二元性)'을 중시하며, '상호관계'의 기초 위에 서 있다. 명분주의는 이런 개념의 구체적 응용이다. 명분이란 상대적으로 생겨나는 것으로 개인주의와는 판이하게 다르니 절대로 혼동해서는 안 된다. 권리와 의무를 강조하는 서양의 사상이야말로 진정한 독립적 개인주의라 할 수 있다.

---

2) 이회(李悝, B.C.455?~B.C.395?). 이극(李克)이라고도 한다. 기원전 424~386년에 통치했던 위문후(魏文侯)의 재상을 지냈다. 법가 사상의 신봉자였으나 자하(子夏)의 제자이기도 해서 유가로 분류되기도 한다. 『한비자 · 내저설상(內儲說上)』, 『사기(史記) · 위세가(魏世家)』에 그에 관한 이야기가 기록되어 있으며, 『한서(漢書) · 예문지(藝文志)』에 「이극서(李克書)」 7편(編)이 전한다. 그가 제정했다고 알려진 『법경(法经)』은 중국 최초의 체계적 성문법전으로 후대 법전의 모범이 되었으나 전하지는 않는다. 『진서(晋书) · 형법지(刑法志)』에 따르면 『법경』은 「도(盜)」, 「적(贼)」, 「망(網)」, 「포(捕)」, 「잡(杂)」, 「구(具)」의 여섯 편으로 구성되어 있다.

3) 소하(萧何, B.C.257~B.C.193)는 한나라 초기의 정치가, 재상으로 초한(楚漢) 전쟁 시에 유방(劉邦)을 도와 항우(項羽)를 격파하는 데 큰 공을 세웠다. 『한율(漢律)』은 소하가 제정한 율령법전으로 『구장율(九章律)』, 또는 『소하율(蕭何律)』이라고도 한다. 한고조(漢高祖)의 약법삼장(約法三章)이 한계를 드러내자 이를 보충하기 위해 진(秦)의 법률들 가운데 현실에 부합하는 항목을 찾아 9장으로 만든 법령이다. 필요 이상의 극형을 줄였으며 법률 사상에 무위(無爲)의 이치를 더해 백성들을 안정시키는 데 큰 공헌을 했다고 전해진다.

C. 평화주의(和平主義)

중국인이 생각하는 이상사회는 조화가 최고의 가치를 지니는 사회로 여기서는 큰 문제가 작은 문제가 되고 작은 문제는 아무런 문제도 아니게 된다. 천착(穿鑿)과 경쟁은 사회가 진화하는 데 있어 중요한 요소이지만 중국인이 가장 싫어하는 것이기도 하다. 「요전」에는 다음과 같은 글이 나온다.

> 百姓昭明, 協和萬邦, 黎民於變時雍! 『書經 · 堯典』
> 백성들이 빛나고 밝게 된 후에 온 천하를 고루 화합하게 하니 모든 백성들이 착해져서 이에 화평을 누리게 되었다.

이에 대해 여동래는 다음과 같이 해설했다. "천하에 춘풍화기가 가득하다(天下盡在春風和氣中矣)." 도가는 특히 평화를 중시한다. 노자는 "최고의 선은 물과 같다(上善若水)"고 했다. 물이 최고의 표준이 되는 까닭은 물의 성질이 공평함을 지향하고 모든 것을 포용할 수 있을 정도로 부드럽기 때문이다. 그는 또 말했다. "남들은 모두 앞서기를 취하는데 나는 홀로 뒤를 취한다(人皆取先, 己獨取後. 『莊子 · 雜篇 · 天下』)", "병(兵)을 잘 다듬어서 쓴다는 것은 상서롭지 못한 것이다(佳兵者不祥之器. 『道德經』 57)." 중국에서 법가 사상이 흥성하지 않았던 이유는 법가 사상 안에 상무(尚武) 정신이 들어 있는 것처럼 보였기 때문이다. 역대 유명한 정승들의 주접(奏摺)과 주장

(奏章)을 보면 '궁병독무(窮兵黷武)'[4]라는 네 글자를 경계하는 말이 빠짐없이 등장했으며, 황제도 마찬가지였다. 다나카 기이치(田中義一)가 산둥으로의 출병을 결정했을 때,[5] 일본인들이 열렬하게 지지했던 것과 비교해 보면 중국과 일본의 차이가 얼마나 큰 것인지 알 수 있을 것이다. 다른 나라에서는 전쟁 잘하는 자의 동상을 세우는 것이 일상적이라 하는데, 중국에서는 반대로 전쟁 잘하는 자는 '극형'에 처한다. 묵자의 비공(非攻)에서부터 맹자의 "전쟁이란 토지를 인솔해서 사람의 고기를 잡아먹는 것과 같은 것으로 그 죄가 죽음으로도 용서 받을 수 없다(率土地而食人肉, 罪不容於死. 『孟子 · 離婁上』)"는 말까지 역대의 문인과 학자들은 전쟁에 대해 지극한 반감을 가지고 있었다. 두보(杜甫)의 「병거행(兵車行)」,[6] 백거이(白居易)

---

4) 무력(武力)을 남용(濫用)하며 전쟁을 일삼는다는 말로 『삼국지(三國志) · 오서(吳書)』에 나온다.

5) 다나카 기이치(田中義一, 1864~1924)는 일본의 중국 침략정책을 입안한 일본의 군인이자 정치가로, 1927년에 장제스(蔣介石)의 북벌이 산둥(山東)으로 확대되자 무력으로 개입해 군벌을 지지하며 침략의 야욕을 들어냈다.

6) 전문은 다음과 같다.
車轔轔 수레는 덜컹 덜컹
馬蕭蕭 말은 히잉 히잉
行人弓箭各在腰 행역 가는 사람들 허리에 활과 화살 차고
耶孃妻子走相送 아비와 어미, 아내와 자식들은 쫓아나와 전송하니
塵埃不見咸陽橋 흙먼지로 함양교가 보이지 않는다.
牽衣頓足攔道哭 옷 당기고 발을 밟으며 길 막고 통곡한다.
哭聲直上干雲霄 통곡 소리 올라 바로 하늘에 닿고
道旁過者問行人 길가 가는 이가 행인에게 물어 보니
行人但云點行頻 행인은 다만 징발이 잦다고 말할 뿐.

의 「절비옹(折臂翁)」[7]은 얼마나 많은 사람들의 심금을 울렸던가!

或從十五北防河 어떤 이는 열다섯 나이에 북쪽 황하를 지켰는데
便至四十西營田 사십이 다 되어서도 서쪽 둔전에서 일한다네.
去時里正與裹頭 떠날 때 마을 이장이 머리를 싸주었는데
歸來頭白還戍邊 돌아오니 백발인데도 다시 수자리 산다네.
邊亭流血成海水 변방엔 피가 흘러 바다를 이루고
武皇開邊意未已 무황은 변경 개척의 뜻을 아직도 버리지 않았다네.
君不聞 그대 듣지 못했는가
漢家山東二百州 한나라 산동의 이백 고을
千村萬落生荊杞 방방곡곡 온 마을에 가시덤불 다 생긴 것을
縱有健婦把鋤犁 비록 건장한 부녀가 호미와 쟁기 잡고 일을 한다지만
禾生隴畝無東西 벼는 이랑에 아무렇게나 자라네.
況復秦兵耐苦戰 하물며 진나라 땅의 병사들 힘든 전투 잘 견딘다 하여
被驅不異犬與雞 몰아댐이 개나 닭과 다르지 않음에야
長者雖有問 어르신 묻는다마는
役夫敢申恨 행역 가는 군사가 감히 마음속 한을 다 말하리오.
且如今年冬 또 올겨울의 경우
未休關西卒 관서 사졸의 일이 아직도 그치지 않았는데
縣官急索租 현의 관리들은 급하게도 세금 징수하니
租稅從何出 세금 낼 돈이 어디서 생길까.
信知生男惡 진실로 알겠노라, 아들 낳은 것은 나쁘고
反是生女好 도리어 딸 낳는 것이 좋다는 것을
生女猶得嫁比鄰 딸을 낳으면 그래도 이웃으로 시집보낼 수 있으나
生男埋沒隨百草 아들을 낳으면 잡초 따라 묻힐 뿐이네.
君不見 그대는 보지 못했는가
青海頭 청해 언저리에는
古來白骨無人收 예부터 백골을 거두어 주는 사람 아무도 없어
新鬼煩冤舊鬼哭 신 귀신은 괴로워하고 구 귀신은 통곡하여
天陰雨濕聲啾啾 날 흐려 비 내리고 습하면, 귀신들 통곡 소리 들려온다네.

7) 전문은 다음과 같다.
新豐老翁八十八 신풍의 노인네 올해 나이 여든여덟
頭鬢眉鬚皆似雪 머리카락 수염이 모두 백발일세.

玄孫扶向店前行 어린 손자 부축하고 집 앞에 서성이는데
左臂憑肩右臂折 왼쪽 팔은 성한데 오른쪽은 부러졌네.
問翁臂折來幾年 팔 부러진 지 몇 년 되었는지
兼問致折何因緣 무슨 일로 부러졌는지 물었네.
翁云貫屬新豐縣 노인이 말하길, "나는 본래 신풍 사람인데
生逢聖代無征戰 태평성대에 태어나 전쟁이란 없었다네.
慣聽梨園歌管聲 이원(梨園)의 음악소리만 듣고 자라
不識旗槍與弓箭 깃발과 창, 활과 살은 알지도 못했지.
無何天寶大徵兵 난데없이 천보(天寶) 연간에 징집령이 내렸는데
戶有三丁點一丁 한 집에 남자 세 중 한 명은 무조건 입대
點得驅將何處去 장정들을 징집해 어디로 보냈는가?
五月萬里雲南行 5월에 만 리 밖 운남으로 갔다네.
聞道雲南有瀘水 운남에는 노수(瀘水)라는 강이 있는데
椒花落時瘴煙起 산초꽃이 질 때 독기가 오른다네.
大軍徒涉水如湯 대군이 맨발로 강을 건너면
未過十人二三死 다 건너기 전 열에 둘 셋은 죽었다오.
村南村北哭聲哀 동네마다 통곡 소리가 애절하게 들리고
兒別爺孃夫別妻 아이는 부모와 헤어지고 남편은 아내와 이별했지.
皆云前後征蠻者 모두 말하길, 지금까지 남만 땅으로 전쟁 간 사람
千萬人行無一廻 천만 명이 넘었으나 살아온 이 하나 없소.
是時翁年二十四 당시 노인 나이 스물넷,
兵部牒中有名字 징집 명부에 이름 있었지.
夜深不敢使人知 깊은 밤 아무도 몰래
偸將大石槌折臂 큰 돌을 들어 팔을 찧어 꺾어 버렸다오.
張弓簸旗俱不堪 활도 못 쏘고 깃발도 흔들지 못하여
從玆始免征雲南 이때부터 운남 땅으로 원정 가는 일 면제 받았네.
骨碎筋傷非不苦 뼈가 으스러지고 살점 떨어져 나가는데 어찌 아프지 않겠냐마는
且圖揀退歸鄕土 그래도 몸을 빼내 고향으로 돌아오게 되었지.
此臂折來六十年 팔 부러진 지 어언 60년
一肢雖廢一身全 팔 하나는 없어졌지만 목숨은 건졌다네.
至今風雨陰寒夜 지금도 풍우(風雨) 몰아치는 쌀쌀한 저녁 때면
直到天明痛不眠 날 새도록 아파서 잠을 못 이룬다오.

혁명이 기운이 팽배한 오늘날, '평화'를 외치는 무수한 글들도 쏟아져 나오고 있다(『東方雜誌』 25卷1號, 「我們需要和平」 參考). 이런 점들을 볼 때, 중국인들은 천성적으로 평화를 좋아하는 사람들이라는 것을 알 수 있다. 그러나 다른 한 편으로는 평화라는 이름 아래 감춰진 절충주의와 적당주의, 무사안일주의와 부화뇌동하는 폐단은 오늘날 중국에서 니체주의(Nietzscheism)가 유행하는 주요 원인이라 할 수 있을 것이다.

D. 현실주의(現實主義)

현실주의는 중국 사회의 가장 큰 특징 중 하나이다. 인도 사람

痛不眠終不悔 아파서 잠들지 못하지만 절대 후회하지 않지.
且喜老身今獨在 그래도 이 늙은이 지금까지 목숨 부지하잖은가.
不然當時瀘水頭 그렇지 않았다면 당시에 노수 강가에서
身死魂飛骨不收 몸은 죽고 혼백은 흩날리고 뼈는 뒹굴어
應作雲南望鄕鬼 틀림없이 운남의 망향귀신 되어
萬人塚上哭呦呦 만인총 무덤 위에서 통곡하고 있었으리라.
老人言君聽取 노인의 말을 귀담아 들으시오.
君不聞 그대는 듣지 못했는가?
開元宰相宋開府 개원의 재상 송개부는
不賞邊功防黷武 험한 전쟁 막으려 변방에서 세운 공에 상 주지 않은 것을
又不聞 또 듣지 못했는가
天寶宰相楊國忠 천보의 재상 양국충이
欲求恩幸立邊功 황제의 은총 얻으려 변방의 공을 세웠다는 것을
邊功未立生人怨 변방의 공을 세우기도 전에 백성의 원망 생긴 것을
請問新豐折臂翁 신풍의 팔 부러진 노인에게 물어 보았으면 하노라.

과 일본 사람은 신비주의적(Mystical) 경향이 강하고, 유럽 사람들은 이론적(Theoretical) 경향이 강하다. 이와 비교해 중국인은 다른 어떤 민족보다 현실적(Practical) 경향이 강하다.

우선 중국인이 추구하는 이상사회는 천국이나 정토(淨土)에 있는 것이 아니라 현실 세계 속에 존재한다. 즉 현세에서 다복한 가정을 이루고 행복한 생활을 영위하는 것이야말로 모든 사람들이 이상으로 추구하는 것이다. 현세를 중시하다 보니 영혼불멸의 문제에는 별 관심이 없다. 오히려 '후사(後嗣)가 없는' 것이야말로 큰일 중에 큰일이다. 조상의 제사를 모시는 것은 종법제도를 유지하기 위한 하나의 방편일 뿐이다. "부모의 상을 신중히 치르고 선조의 제사를 잘 모시면 백성의 덕이 돈후하게 될 것이다(愼終追遠, 民德歸厚矣. 『論語 · 學而』)." 묵자는 종교 신앙이 투철하고 신비한 경험이 풍부한 사람처럼 보인다. 그러나 그는 공리주의적 입장에서 자신의 사상을 전개했는데 이런 측면에서 보면 그도 역시 현실주의의 신도라고 할 수 있다.

다음으로 중국인은 이론적 문제보다 일상에서 먹고 입고 쓰는 등의 실리적인 것에 관심이 크다. 과도한 사치도 싫어하지만 인도인들처럼 궁핍과 고난 속에서 살아가는 것도 달가워하지 않는다. 도가는 비록 "소박함을 품고 사사로움을 줄이고 욕심을 줄이는(見素抱樸, 少私寡欲. 『道德經』 19)" 것을 강조하나 그들이 바라는 이상향은 다음과 같은 사회이다.

甘其食, 美其服, 安其居, 樂其俗, 鄰國相望, 鷄犬之聲相聞, 民至老死不相往來. 『道德經』 80
음식을 달게 여기도록 해 주고, 옷을 아름답게 여기도록 해 주며, 거처를 편안하게 여기도록 해 주고, 풍속을 즐겁게 여기도록 해 주어라. 이웃 나라가 서로 바라보고 닭 울고 개 짖는 소리가 서로 들려도 백성들이 늙어 죽을 때까지 서로 왕래하는 일이 없게 될 것이다.

노자는 '만족할 줄 알면서 욕되지 않은(知足不辱)' 삶에 대해 여러 차례 강조했는데, 여기서 말하는 '만족'이란 지나치게 부유하지도, 지나치게 곤궁하지도 않은 딱 알맞은 생활 상태를 이르는 것이다. 유가의 이상사회는 '양식과 무기가 풍족한 것(足食足兵)'이다. 동중서는 이렇게 말했다. "지나치게 부유하면 교만해지고, 지나치게 빈천하면 근심스러워진다. 근심스러워지면 도적질 하게 되고, 교만해지게 되면 사나워지게 된다(大富則驕, 大貧則憂, 憂則爲盜, 驕則爲暴. 『春秋繁露』)." 이 말이야말로 중국인들의 생각을 제대로 반영하고 있다. 묵가는 '국가, 백성, 인민의 이익(觀其中國家百姓人民之利)'을 중시했다. 여기서 말하는 '이익'이란 "(생산은) 백성의 쓰임에 충족할 정도에서 그치는(凡足以奉給民用則止. 『墨子 · 節用』)" 정도를 의미한다. 또 말했다. "이익은 의로움이다(利, 義也. 『墨經』)." 의란 적당하고 마땅함이며, 적당함에서 그쳐 더 나아가지 않는 것을 이르는 말이다. 서양 명저 『국부론(國富論)』의 내용을 그대로 중국에 적용시키기는 힘들 테지만 그렇다고 대담하게 방임주의나 향락주의를 주장하기는 더더욱 어려울 것이다.

2. 시대 변화에 따른 사회적 이상

위에서 말한 중국의 이상 사회관은 서양 사조가 중국에 전래되어 고유의 전통 사상과 충돌하기 전까지 이천여 년 동안 중국인들이 동경해 온 것이다. 특히 공업주의를 앞세운 서구 산업문명과 천부인권 및 자유평등 사상이 전래된 이후 중국의 학문과 사상은 큰 충격을 받았다. 다음에서는 이 두 가지에 대해 자세히 설명하도록 하겠다.

(一) 서양 산업문명이 중국에 전래된 초창기에는 그 파급력이 농촌에까지 미칠 정도로 크지 않았기 때문에 중국은 한동안 농업국가의 면모를 유지할 수 있었다. 그러나 도시는 상황이 달랐다. 수공업이 파괴되고 있었으며 점점 더 많은 사람들이 기계에 의존해 살아갈 수밖에 없었다. 그칠 줄 모르고 치솟아 오르는 물가로 인해 부녀자와 어린아이들이 공장으로 내몰리게 되자 오랜 세월을 이어져 내려오던 대가족주의는 자연적으로 해체될 수밖에 없었다. 삼강오륜과 같은 종법사회(宗法社會)의 윤리적 덕목은 힘을 잃었으며, 새로운 핵가족제도를 위해 필요한 도덕은 아직 정비되지 않아 가정이라는 단위는 그 어느 때보다 불안정한 처지에 놓이게 되었다. 노동자와 자본가, 사용자와 고용자의 관계도 명분주의 같은 과

거의 관념으로는 더 이상 조정할 수 없게 되었다. 또한 최근 계급 투쟁 사상과 중국공산당, 중국 사회주의청년단 등의 운동은 많은 것을 부자연스럽게 만들어 버렸다. 이처럼 변화된 시대와 사회에 대응하기 위해서는 이상 사회에 대한 새로운 관념을 만들어 내야 할 필요가 있다.

(二) 천부인권설의 위력은 대단히 맹렬해서 막으려 해도 막을 수가 없다. 오랜 세월 종법제도를 유지해 오던 중국은 서양에서 전래된 자유평등 사상에 매료되었다. 그러나 그렇게 좋은 도구를 제대로 사용해 보기도 전에 도끼로 제 발등 찍는 격이 되어 버렸다. 의회는 실패하고 지방자치도 실패하고 자유연애도 실패했다. 먹물통을 던져대며 싸움질에 몰두하고, 하층 노동자들까지도 앞다투어 아호(雅號)를 지어 붙인다. 선거 날 투표용지에 연예인 메이란팡(梅蘭芳)[8]의 이름을 적어 넣거나, 아침에 결혼해 저녁에 이혼하고 물에 빠지거나 총에 맞아 죽는 연극 같은 사건이 비일비재하게 벌어지는 것이 작금의 현실이다. 그러나 수구파들은 '시대에 역행'하는 것이 대단한 자랑거리나 되는 듯이 우쭐거릴 뿐이다. 냉철하게 말하자면 중국 전통 사회가 추구한 이상 사회는 많은 장점을 갖고 있다. 평화를 추구하고 관대함과 여유로움, 조화를 중시하는 것이 바로 그것이다. 그러나 다른 한 편으로 단점도 있다. 첫째, 체계적이지 못하고 대단히 산만하다. 둘째, 권리와 의무에 대한 인식이 불분

8) 중국 근대시기 유명 경극(京劇) 배우.

명해 입으로는 자유를 말해도 실제로는 자유롭지 못하고, 의미를 제대로 모르고 정치체제를 말한다. 따라서 다음과 같은 두 가지 점에 유의해서 이상적 사회를 만드는 데 모두가 도움을 줘야 마땅할 것이다.

A. 단체 협업 정신의 훈련

국회의원이 의회에 나가 의견을 제시하지 않는다면 깨끗하게 자리에서 물러남으로써 공연히 세금을 축내지 말아야 할 것이다. 의원이라면 마땅히 자신의 견해와 경험을 충분히 제시하고 다른 사람의 의견 또한 경청해야 한다. 아울러 단체에 속한 회원이라면 권리와 의무에 따라 책임 있게 행동해야 한다.

B. 시민 자격의 배양

행정을 담당하는 사람이라면 일처리가 너무 가혹해서도 안 되며 상대를 깔봐서도 안 된다. 그들도 마땅히 국민으로서의 의무를 이행하고 공공도덕을 실천해야 한다. 타인의 사적인 일에 마음대로 관여해서도 안 되지만 공중의 행위에 대해 수수방관해서도 안 된다. 정의와 사랑에 근거해 정당하게 일처리를 해야 한다.

4장

의무론(Duty)

제1절

자신에 대한 의무

개인적으로나 사회적으로 추구하는 이상이 있다면 마땅히 그 이상을 실현시키기 위해 노력해야 한다. 여기서 "해야 한다"는 말은 의무 관념을 구성하는 기초이다. 중국 고대의 여러 학파 가운데 이상을 추구하는 과정이 가장 구체적인 것은 유가라 할 수 있다. 따라서 유가를 중심으로 이야기해 보겠다.

1. 유가의 의무론

유가의 개인 이상은 '인'이다. 인의 본질은 '하늘을 본받는 것[法天]'이며, 그 주체는 사람이다. "인이란 곧 사람이다(仁者, 人也. 『中庸』 20장)"라는 말은 인격적 완성을 의미한다. 『논어 · 헌문(憲問)』에는 다음과 같은 말이 나온다.

子路問成人, 子曰, 若臧武仲之知, 公綽之不欲, 卞莊子之勇, 冉求之藝, 文之以禮樂, 亦可以爲成人矣.
자로가 완성된 사람에 대해서 물으니 공자께서 말씀하셨다. "장무중의 지혜와 공작의 무욕과 변장자의 용기와 염구의 재능을 갖추고 예악으로 꾸민다면 완성된 사람이라 할 수 있다.

엄밀히 말해 재능[藝]과 예악(禮樂)은 비교적 지엽적인 것이고, 지(知), 불욕(不欲), 용(勇)의 삼달덕(三達德)이 중요한 핵심이다. 삼달덕이란 군자가 "배움을 좋아하는 것은 지에 가깝고, 힘써 실천하는 것은 인에 가깝고, 부끄러움을 아는 것은 용에 가깝다(好學近乎知, 力行近乎仁, 知恥近乎勇. 『中庸』 20장)"는 말에 잘 표현되어 있다. 공자는 겸허하게 이렇게 말했다.

君子道者三, 我無能焉. 仁者不憂, 知者不惑, 勇者不懼. 『論語 · 憲問』
군자의 도는 세 가지인데 나는 할 수 있는 것이 없다. 인자는 근심하지 않고 지자는 미혹되지 않고 용자는 두려워하지 않는다.

여기서 알 수 있듯이 '용'은 이미 '인' 안에 포함되어 있는 덕목이다. 따라서 공자와 그의 제자들이 주장한 자신에 대한 의무는 대체로 '지'와 '인', 두 가지 측면으로 나누어 볼 수 있다(여기서 말하는 인은 좁은 의미에서 말하는 것이지 이상적인 경지의 인을 말하는 것은 아니다).

(A) 지(知)

지는 다시 두 가지 측면에서 얘기할 수 있다.

a. 학문을 탐구함[求學]

下學而上達. 『論語 · 憲問』
아래로는 인간의 사리를 배우고, 위로는 하늘의 도리에 통달해야 한다.

古之學者爲己. 『論語 · 憲問』
옛날의 배우는 자는 자신을 닦기 위해 공부했다.

君子學道則愛人. 『論語 · 陽貨』
군자가 도를 배우면 사람을 사랑한다.

好仁不好學, 其蔽也愚. 好知不好學, 其蔽也蕩. 好信不好學, 其蔽也賊. 好直不好學, 其蔽也絞. 好勇不好學, 其蔽也亂. 好剛不好學, 其蔽也狂. 『論語 · 陽貨』

인을 좋아하되 배우기를 좋아하지 않으면 어리석어지기 쉽고, 지를 좋아하되 배우기를 좋아하지 않으면 방탕해지기 쉬우며, 믿음을 좋아하되 배우기를 좋아하지 않으면 도둑떼가 되기 쉽고, 정직함을 좋아하되 배우기를 좋아하지 않으면 가혹해지기 쉽고, 용맹을 좋아하되 배우기를 좋아하지 않으면 난폭해지기 쉬우며, 굳셈을 좋아하되 배우기를 좋아하지 않으면 무모해지기 쉬운 폐단이 생긴다.

'사람의 천성은 서로 비슷하나 습관에 의해 서로 멀어진다(性相近, 習相遠. 『論語 · 陽貨』)'는 말을 인정한다면 유학에서 '학문을 탐구하는' 것은 가장 중요한 조목이 되며, 이것은 자신을 일으키고 남을 세워주는 기초가 된다는 것을 알 수 있을 것이다.

b. 남을 잘 아는 것[知人]

번지(樊遲)가 안다는 것[知]에 대해 물었다. 이에 대해 공자는 '남을 잘 아는 것(知人)'이라고 대답했다. 사람을 잘 아는 것 역시 자기에 대한 의무 가운데 하나이다.

(B) 인(仁)

인은 여러 가지 덕목을 포함하고 있다.

a. 충서(忠恕)

仲弓問仁, 子曰 …… 己所不欲, 勿施於人. 『論語 · 顔淵』
중궁이 인에 대하여 묻자 공자가 이렇게 대답했다. …… 자기가 하고 싶지 않은 일을 남에게 시키지 말라.

이것이 서(恕)이다.

夫仁者, 己欲立而立人, 己欲達而達人. 『論語 · 雍也』
어진 사람은 자신이 서고자 하면 남도 서게 하며, 자신이 통달하고자 하면 남도 통달하게 한다.

이것이 충(忠)이다.

b. 용(勇)과 극기(克己)

克己復禮爲仁. 『論語 · 顔淵』
자기의 이기심을 극복하고 예에 돌아감이 곧 인이다.

仁者必有勇. 『論語 · 憲問』
어진 사람은 반드시 용맹함이 있다.

c. 성실(誠實)

巧言令色, 鮮矣仁. 『論語 · 陽貨』
말을 교묘하게 하거나 표정을 보기 좋게 꾸미는 사람 중에 어진 사람은 드물다.

剛毅木訥, 近仁. 『論語 · 子路』
강직하고, 의연하며, 질박하고 말이 어눌한 것이 인(仁)에 가깝다.

d. 공평과 정의

唯仁者能好人, 能惡人. 『論語 · 里仁』
어진 사람만이 능히 사람을 좋아할 수도 미워할 수도 있다.

當仁, 不讓於師. 『論語 · 衛靈公』
인을 행하는 데는 스승에게도 양보하지 말라.

e. 겸허와 공손

事其大夫之賢者, 友其士之仁者. 『論語 · 衛靈公』
나라의 어진 대부를 섬기며, 나라의 어진 사람을 벗으로 삼아야 한다.

居處恭, 執事敬, 與人忠. 『論語 · 子路』
일상생활에 공손하며, 일을 할 때 신중하며, 사람을 대할 때 성실해야 한다.

出門如見大賓, 使民如承大祭. 『論語 · 顔淵』
문을 나설 때는 큰 손님을 만난 듯하고, 백성을 부릴 때에는 큰 제사를 받드는 것같이 하라.

f. 사랑하는 마음(동정심)

樊遲問仁, 子曰愛人. 『論語 · 顔淵』
번지가 인에 대하여 묻자 공자는 사람을 사랑하는 것이 인이라 했다.

學不厭而教不倦. 『孟子 · 公孫丑上』
배우는 일에 싫증을 느끼지 말고 가르치는 일을 게을리하지 말라.

學不厭, 智也. 教不倦, 仁也. 『孟子 · 公孫丑上』
배우는 일에 싫증내지 않는 것은 지이고, 가르치는 일을 게을리하지 않는 것은 인이다.

이상에서 볼 때 공자가 중시한 것은 '지'와 '인', 그리고 『대학』

에서 말한 '치지격물(致知格物)'과 '정심성의(正心誠意)', 『중용』에서 말한 "만물을 완전하게 하는 것은 지이다(成物, 知也.)", "자기 자신을 완전하게 하는 것은 인이다(成己, 仁也)"로 여기에는 모두 공자 사상의 참뜻이 담겨 있다고 할 수 있다.

맹자는 공자의 제자뻘이지만 그 사상 안에는 도가사상의 영향도 보인다. (그가 주장한 성선설은 도가 자연주의의 영향이다. "대인은 어린 아이의 마음을 잃지 않은 사람이다(大人者, 不失其赤子之心者也. 『孟子 · 離婁下』)"라는 말도 도가식의 논조이다.) 그는 공자가 강조한 지와 인이라는 두 덕목을 인, 의, 예, 지의 사단으로 확장시켰다(惻隱之心, 仁之端也. 羞惡之心, 義之端也. 辭讓之心, 禮之端也. 是非之心, 智之端也. 『孟子 · 公孫丑上』). 아울러 의를 특히 강조했는데 맹자에게 있어서 의는 생명보다 더 중요한 것이다. 그는 "목숨을 버려서라도 의를 취해야 한다(舍生而取義可也. 『孟子 · 告子上』)"고 말했다. 의는 공자가 말한 삼달덕 가운데 용(勇)에 해당하는 것이다. 그러나 공자는 이미 용을 인의 범주에 포함시켰기 때문에 맹자는 하는 수 없이 '인'과 '의'를 병칭해 '인의'라 한 것이다. 맹자의 말을 보면 거의가 의에 중점이 있음을 알 수 있다.

說大人, 則藐之, 勿視其巍巍然. 『孟子 · 盡心下』
대인을 설득함에는 그들을 내려다보아야지, 그 높은 위세를 보지 말아야 한다.

吾何畏彼哉?『孟子 · 滕文公上』
내가 어찌 저 사람을 두려워하겠는가?

若夫豪傑之士, 雖無文王猶興. 『孟子 · 盡心下』
뛰어난 선비는 문왕 같은 성군이 없더라도 분발한다.

居天下之廣居, 立天下之正位, 行天下之大道. 『孟子 · 滕文公下』
천하의 넓은 집에 살며 천하의 바른 자리에 서며 천하의 큰 도를 행한다.

富貴不能淫, 貧賤不能移, 威武不能屈, 此之謂大丈夫. 『孟子 · 滕文公下』
부하고 귀하여도 방탕하지 않고 가난하고 천하여도 지조를 잃지 않으며 위엄과 힘을 가지고도 굴복시킬 수 없다면 대장부라 할 수 있을 것이다.

이 말들은 아무리 기세등등하다 해도 도가의 영향을 깊이 받았음을 숨길 수 없다. 도가의 의무론은 자신과 타인에 대한 구분이 없고 다만 '불평등한 것을 바로잡는' 일에만 신경 쓸 뿐이다. 중국의 협객(俠客)들은 대부분 여기서 나온 것이다. 그러나 도가철학은 온건한 사상으로 그들이 말하는 의도 부드러운 성격의 것이다. 이에 반해 맹자의 의는 강경하며 이로 인해 유가에 속하게 된 것이다. 순자가 강조한 '예의'도 강한 성격의 것이다.(그는 말했다. "사람의 본성은 악하다. 반드시 스승의 가르침을 받은 후에 바르게 되고 예의를 안 다음에 다스려진다(人之性惡, 必將待師法然後正, 得禮義然後治. 『荀子 · 性惡』).") 심리학적 관점에서 말하자면 맹자와 순자 모두 의를 중시한다는 점은 같지만, 맹자는 정(情)으로써 의를 보충하고 순자는 지(知)로써 의를 보충한다는 점이 다르다. 즉 공자의 의무론을 해석하는 데 있어서 한 사람은 인에 기울어져 있고 다른 한 사람은 지에 기울어져 있다고 할 수 있다.

한나라 때 오행설(五行說)이 유행하면서 공자 사상의 양대 축이었던 지와 인은 인의예지신(仁義禮智信)의 오덕(五德)으로 분화되어 오행에 대응하게 되었는데 이는 견강부회한 면이 있다. 송명 시기에 이르러 다시 지와 인 두 덕목이 중시되게 되었다. 정이천은 "함양에는 모름지기 '경'이 필요하고 학문의 발전은 '치지'에 있다(涵養須用敬, 進學則在致知. 『近思錄 · 爲學』)"고 했는데, 앞의 구절은 인의 덕목을 말한 것이고, 뒷 구절은 지의 덕목을 말한 것이다. 주희는 "학자의 공부는 오로지 거경과 궁리 두 가지에 있다(學者工夫, 惟在居敬窮理兩事. 『朱子語類』)"고 말하며 거경과 궁리는 수레의 양 바퀴, 혹은 새의 양 날개에 비유할 수 있다고 하였다. 심학의 대가 육상산은 인생 수양 공부의 요체는 '사(思)'와 '지(志)' 두 가지뿐이라고 했는데 이 두 가지는 모두 '심'에서 나온 것이다.

思則得之. 「與李宰(二)」

생각하면 얻게 된다.

人之所喻, 由其所習, 所習由其所志.「白鹿洞书院讲义」
사람의 깨달음은 그 익힌 바에서 나오고, 익힌 바는 그 뜻하는 바에서 나온다.

그러나 '사'는 '지'의 공부와 다르지 않고 '지'는 '인(仁)'의 공부와 다르지 않은 것으로 이름만 다를 뿐 내용은 같은 것이다. 왕양명은 '지'와 '인'을 겸하여 '치량지(致良知)'라고 했는데, 설명이 간결하고 분명해 유가 의무론의 본보기라 할 수 있다.

2. 의무론의 단점

중국인의 의무론에는 두 가지 단점이 있다.

(1) 건강한 신체에 대한 경시

중국인들은 자신의 신체를 보호하고 건강을 증진시켜야 하는 의무를 그다지 중요하게 여기지 않았다. 옛말에 건강은 인생 제일의 행복 요건이라고 했다. 하지만 중국인들은 이 말을 제대로 이해하지 못하고 있는 듯하다.(증자(曾子)는 "내 몸과 머리카락과 피부는 모두 부모로부터 받은 것이니 상하게 해서는 안 된다(身體髮膚, 受之父母, 不敢毁傷.『孝經』)"라고 했다. 이것은 '전수전귀(全受全歸)'[1]의 종교 관념에서 비롯된 것일 뿐, 자신의 신체 건강에 대해 진심으로 신경 쓰는 것이 아니다.) 육예(六藝, 즉 禮, 樂, 射, 御, 書, 數) 가운데 활쏘기[射]와 수레몰기[御]와 같은 기예가 포함되어 있긴 하지만 이는 사양지심(辭讓之心)을 익히기 위한 방편이지 강건한 체력을 기르는 데 목적이 있는 것이 아니다. 중국에서는 예로부터 숨이 겨우 붙어 있는 것처럼 보이고 바람만 훅 불어도 날아갈 것 같아 보이는 재자가인(才子佳人)이 이상적 인간의 상징이었다. '상문(尙文, 문을 숭상함)'은 주나라 이래로 삼천여 년 동안 사람들을 지배해 왔다. 영국의 시인 셸리(Shelly)는 "우리 서양 사람들은 모두 희랍 사람이다"라고 했는데, 이를 응용해 말하자면 중국인은 모두 주나라 사람이라고 할 수 있다. 공자는 "찬란하도다, 그 문화여! 나는 주를 따를 것이다(郁郁乎文哉! 吾從周.『論語 · 八佾』)"라고 찬미했다. 우리는 분명 공교도(孔敎徒)들이다. 서양 사람들은 배우자를 선택할 때 '건강한 신체'를 제일 조건으로 꼽는다. 그러나 우리는 배우자를 고를 때 남자는 여자의 덕성을 제일로 따지고, 여자는 남자의 성격을 제일로 중시한다. 건강한 신체는 세 번째 조건 안에도 들지 못한다. (이것은 현대에도 그대로 적용된다. 판광단이 쓴『중국인의 가정문제(中國人之家庭問題)』참고) 서양과 비교해 볼 때, 얼마나 많은 차이가 있는가? 역사적으로 외세의 침입

1) 자식은 부모로부터 완전한 신체를 받았으므로 몸을 삼가고 훼손함이 없이 죽을 때 완전한 몸을 돌려드려야 한다는 뜻이다.

이 적었다고 할 수는 없다. 근래에 수많은 불평등조약이 체결되었지만 이것도 중국인이 체력과 기백을 함양해야 한다는 의무 관념을 갖는 데 별 영향을 미치지 못했다. 오늘날에도 와신상담의 목소리가 하늘을 찌르는데 커다란 환난을 겪고도 우리의 부족함을 고치지 못한다면 중국 민족의 열등성을 고치는 것은 더욱 힘들어질 것이다.

(2) 창조적 지식의 부족

유가의 의무론 중에 '지(知)'에 관한 항목이 있긴 하지만, '지'는 '인'의 수단이며 '인'의 범주 안에 포함되는 것이다. 공자는 말했다.

> 弟子入則孝, 出則弟, 謹而信, 汎愛衆而親仁, 行有餘力, 則以學文. 『論語 · 學而』
>
> 자제들은 집에 들어오면 효도하고 나가면 사람들과 친하게 지내며, 행실을 삼가고 말을 성실하게 하며, 널리 사람들을 사랑하되 어진 사람과 친해야 하니, 이를 행하고 남은 힘이 있으면 글을 배워야 한다.

위의 말에 따르자면, '학'은 다른 일을 하고 남는 시간에 하는 것이다. 송명시대에 들어와서 수많은 학자들이 '존덕성(尊德性)'과

‘도문학(道問學)’[2]의 경중을 두고 논쟁을 벌였다. 그러나 ‘도문학’을 중시한 정주의 ‘치지궁리(致知窮理)’도 성인의 길을 따르고 현인의 삶을 배우는 것으로 ‘존덕성’과 크게 다르지 않다. 아울러 양편 모두 주공과 공자를 흠모의 대상으로 두고 있으니 ‘복고(復古)’라는 측면에서도 비슷하다. 그러나 ‘지육(智育)’이 ‘덕육(德育)’에 종속되어 독립적인 학문으로 발전할 수 없게 되었기 때문에 안타깝게도 청대의 과학정신은 문자 고증의 수준에만 머무르게 된 것이다.

아리스토텔레스는 “나는 나의 스승을 사랑하지만 그보다 진리를 훨씬 더 사랑한다”고 말했다. 여기서 볼 수 있는 자유와 창조의 정신은 중국에서 거의 찾아볼 수 없다. 중국에서는 ‘중(中)’을 지나치게 중시하다 보니 대상에 대한 철저한 분석은 경시될 수밖에 없다. 의무 관념은 이상사회를 이루기 위한 중요한 도구지만 이에 대한 근본 인식이 변하지 않으면 어쩔 도리가 없다.

---

2) 유교의 대표적 수양 방법으로 『중용』 27장에 보인다. ‘존덕성’은 인간이 선천적으로 부여받은 선한 덕성을 존숭하고 보존할 것을 강조하는 데 반해, ‘도문학’은 학문을 통하여 선한 덕성을 배양할 것을 주장한다. 이 두 방법은 상호 보완적 수양 방법으로 제시되었으나 어느 면을 강조하느냐에 따라 견해가 나누어지기도 했다. 남송의 주희와 육구연은 이를 두고 논쟁을 벌였다.

제2절

타인에 대한 의무

1. 가족윤리: 부자, 형제, 부부 상호 간 지켜야 할 의무

(1) 아버지(가장)의 의무

『사기(史記)』에는 다음과 같은 구절이 나온다.

舜臣堯 …… 擧八元, 使布五教于四方, 父義, 母慈, 兄友, 弟恭, 子孝.

순은 요의 신하였다. …… 팔원(八元, 고신씨(皐辛氏)의 재능 있는 여덟 아들)을 등용하여 오교(五教, 다섯 가지 윤리적 가르침으로 부의(父義), 모자(母慈), 형우(兄友), 제공(弟恭), 자효(子孝)를 말한다)를 사방에 펴게 하니, 아버지는 의롭고 어머니는 자비롭고 형은 우애 있고 아우는 공경하고 자식은 효도하게 되었다.

아버지의 의무는 가족 전체 성원에 대해 정의롭고 모범적인 역할을 하는 것이다. 『백호통의(白虎通義)』에 보면 "아버지는 법도이다(父者, 矩也)"라는 말이 나온다. 스스로가 규칙이 되어 온 가족의 모범이 되는 것은 임금이 만조백관과 만백성의 귀감이 되는 것과 같다. 『역 · 가인괘(家人卦)』에 보면 "집안에 엄한 군주가 있으니 부모를 이름이다(家人有嚴君焉, 父母之謂也)"라는 말이 나온다. 이에 대해 공영달(孔穎達)은 다음과 같이 주석을 달았다. "부모는 한 집안의 주인으로 온 집안 사람들이 존중하고 섬겨야 한다. 이는 나라에 엄한 군주가 있는 것과 같다(父母一家之主, 家人尊事, 同於國有嚴君)." 가정에서는 아버지가 가장이므로 마땅히 임금과 같다 할 수 있다.

凡爲家長必謹守禮法, 以御群, 子弟及家衆, 分之以職, 授之以事, 而責其成功, 制財用之節, 量入以爲出, 稱家之有無, 以給上下之衣食, 及吉凶之費. 司馬光 『家儀』

무릇 집안의 어른 된 자는 반드시 예법을 지키고, 집안의 자제와 사람들을 통솔해야 한다. 그들에게 해야 할 일을 분담시키고, 그 일에 대한 책임을 지게 하며, 재물 사용의 순서를 정해 수입에 맞게 적절히 지출하여야 한다. 집안의 예산에 맞게 위아래 사람의 의복 · 음식 · 길사 · 흉사의 비용을 써야 한다.

이상의 말을 통해 볼 때, 가족 전체를 다스릴 수 있는 권력은 아버지 한 사람에게서 나오는 것임을 알 수 있다.

(2) 아들(며느리)의 의무

'孝'는 '老'와 '子'가 결합된 글자이다. 전통적으로 집안의 연장자는 아들이 봉양했는데, 이는 인도적인 관념으로부터 생겨난 것이다. 공자는 효만을 특별히 중시한 것이 아니었다. 『논어』에 자주 등장하는 '사친지도(事親之道, 어버이를 섬기는 도리)'와 '부부자자(父父子子, 아버지는 아버지답고 자식은 자식다워야 한다)'라는 말은 매우 의미심장한 것이다. 후대에 증자(曾子)는 공자의 '인'을 '효'로 바꿨는데, 이때부터 효가 백행(百行)의 근본이 되었으며 역대 제왕들도 그대로 받아들임으로써 자연적 인도관념인 효가 율법적 예교의 효로 변하게 되었다. 효는 세 가지 측면에서 접근해 볼 수 있다.

a. 물질적 봉양

겨울은 따뜻하게 여름은 시원하게 해 드리며, 저녁에는 이부자리를 봐드리고 아침에는 문안인사를 올린다. 이것은 일상생활에서 부모님을 봉양하는 방법이다. 아침에 문안인사를 올리는 것에 대한 세칙은 『예기 · 내칙(內則)』에 실려 있다. 요점은 다음과 같다.

子事父母, 鷄初鳴, 咸盥漱, 櫛縰笄總, 拂髦冠緌纓, 端韠紳, 搢笏,左右佩用, 偪屨著綦. 婦事舅姑如事父母, 鷄初鳴, 咸盥漱, 櫛縰笄總, 衣紳, 左右佩用, 衿纓綦屨. 以適父母舅故之所, 及所, 下氣怡聲, 問衣燠寒, 疾痛苛癢, 而敬抑搔之, 出入則或先或後, 而敬扶持之. 進盥, 少者奉槃, 長者奉水, 請沃盥, 盥卒授巾.
아들이 부모를 섬길 때는 첫닭이 울면 몸을 바르게 하여 아침 문안을 드리러 간다. 며느리가 시부모를 섬기는 것도 부모를 섬기는 것과 같이 한다. 부모님 침소에 이르면 숨소리를 낮추고 말소리를 부드럽게 하여 입으신 옷의 덥고 찬 정도를 묻고, 아파하시거나 가려워하시는가를 살피며, 출입하실 때에는 옆에서 부축해 드린다. 세숫물을 드릴 때에는 나이 어린 자는 세숫대야를 받들고 나이 많은 자는 물을 받들어 세수하기를 청하고 씻기를 마치면 수건을 드린다.

父母舅姑, 將坐, 奉席請何鄉. 將衽, 長者奉席請何趾, 少者執牀與坐.
부모나 시부모가 일어나 앉으려고 하면 깔고 앉을 자리를 받들어 들고 어느 쪽으로 깔아야 할지를 묻고, 누우려고 하시거든 나이 많은 이는 자리를 받들고 어느 쪽으로 발을 둘 것인가를 청하며, 나이 어린 이는 침상을 받들고 옆에 모시어 앉는다.

在父母舅姑之所, 有命之, 應唯敬對. 進退周旋, 愼齊. 升降出入, 揖遊. 不敢噦噫嚏咳欠伸跛倚睇視. 不敢唾洟. 寒不敢襲, 癢不敢搔.
부모나 시부모가 명하시는 일이 있으면 지체 없이 공손하게 대답한다. 앞으로 나아가고 뒤로 물러서며 이리저리로 돌아가는 동작을 삼가고 조심히 한다. 마루에 오르내리거나 방에 들어가고 나갈 때에도 몸을 굽히고 펴는 것을 법도에 맞도록 해야 한다. 어른 앞에서 감히 구역질 · 트림 · 재채기 · 기침을 하지 않으며, 하품하고 기지개 켜고 한쪽 발로 비스듬히 서서 다른 것에 몸을 기대거나 곁눈질하여 보지 않으며, 감히 가래침을 뱉거나 콧물을 흘리지 않는다. 추워도 옷을 껴입지 않고, 가려워도 긁지 않는다.

만약 부모님이 노해서 회초리를 드신다 할지라도,

流血, 不敢疾怨, 起敬起孝.
피를 흘리더라도 감히 부모를 미워하거나 원망하지 않아야 하고 더욱 공경하고 효도하는 마음을 가져야 한다.

부모가 병이 들면,

冠者不櫛, 行不翔, 言不惰, 琴瑟不御, 食肉不至變味, 飮酒不至變貌, 笑不至矧, 怒不至詈.
갓을 쓴 사람은 머리를 빗지 않으며, 다닐 때 나는 듯이 걷지 않으며, 실없는 말은 하지 않으며, 거문고와 비파를 타지 않으며, 고기를 먹어도 배불리 먹지 않으며, 취하도록 술을 마시지 않는다. 또한 크게 웃지 않고 성내어 남을 꾸짖지도 않는다.

문왕(文王)이 병이 났을 때 무왕(武王)은 관복도 벗지 않은 채 간호를 했다. 문왕이 한 끼만 먹으면 무왕도 한 끼만 먹고, 문왕이 밥을 더 먹으면 무왕도 더 먹었다(『예기 · 문왕세자편(文王世子篇)』을 보라). 허벅지 살을 잘라 부모를 치료하고(왕호(汪灝)의 이야기. 조사인(趙士麟)의 『왕씨효우전(汪氏孝友傳)』을 보라), 어린아이를 산 채로 매장해 부모를 봉양하는(곽거(郭巨)의 이야기. 유향(劉向)의 『효자전(孝子傳)』을 보라) 풍조를 국가는 부추겼고 문인들은 찬양했다. 사람의 도리를 다한다는 것이 도리어 사람의 도리를 거스르는 결과를 낳게 되었으니 이것이야말로 모순이 아닐 수 없다(『우위문록(吳虞文錄)』과 스춘통(施存統)이 쓴 「비효(非孝)」 참조).

b. 정신적 봉양

그러나 앞에서 말한 것은 '몸을 봉양하는 것[養口體]'에 지나지 않으며, 훨씬 중요한 '뜻을 받들어 봉양하는 것[養志]'과는 거리가 있다. '뜻을 받들어 봉양하는 것'에는 소극적인 측면과 적극적인 측면이 있다. 소극적인 측면의 양지(養志)는 부모님께 걱정을 끼쳐드리지 않는 것이고, 적극적인 측면의 양지는 부모님의 영예를 드높이는 것이다. 맹무백(孟武伯)이 효에 관해 물었을 때 공자는 이렇게 대답했다. "부모에게는 다만 자식이 병이 있는 것만을 걱정하도록 해야 한다(父母唯其疾之憂. 『論語 · 爲政』)." 『효경』에서는 이렇게 말한다.

一擧足而不敢忘父母. 是故道而不徑, 舟而不游, 不敢以先父母之遺體, 行殆, 一出言而不敢忘父母. 是故惡言不出於口, 忿言不反於身. 不辱其身, 不羞其親, 可謂孝矣.
한걸음을 걸을 때에도 부모님을 잊지 말아야 한다. 그러므로 다닐 때에는 큰 길로 다니지 지름길로 가지 않으며, 배로 강을 건너지 헤엄쳐 건너지 않으며, 감히 돌아가신 부모님이 남겨주신 몸으로 위태로운 일을 행하지 않으며, 한번 말을 하는 데에도 감히 부모를 잊지 않는다. 그러므로 나쁜 말이 입에서 나오지 않으며, 남의 성낸 말이 자신에게 돌아오지 않는 것이다. 몸을 욕되게 하지 않으며, 부모를 수치스럽게 하지 않으면 효라고 할 만하다.

이것은 소극적인 양지에 불과하다. 적극적인 양지의 효는 충성으로 임금을 섬기고, 삼가 신중하게 관직을 수행하고, 단정하게 거하고, 믿음으로 친구를 사귀고, 용맹하게 전쟁터에 나아가는 것이다(모두 『효경』에 보인다). 간단하게 말하자면 '조상과 가문을 빛내는 것[光宗耀祖]'이야말로 바로 적극적인 양지이다. 증자는 이렇게 말했다.

大孝尊親, 其次弗辱, 其下能養. 『禮記 · 祭義』
진정한 효는 부모를 존경하는 것이고, 그다음은 욕되지 않게 하는 것이고, 그다음은 잘 봉양하는 것이다.

마지막에 말한 것은 물질적 봉양을 가리키는 것이고 앞선 두 구절은 적극적 방면과 소극적 방면에서의 정신적 봉양을 말한다. 이것이 바로 효의 전부라 할 수 있다. 그러나 이것 외에 또 하나가 있다.

c. 사후의 봉양

부모에 대한 봉양은 부모가 돌아가실 때까지 계속되지만 이것으로 효의 의무가 완전히 끝난 것은 아니다. 돌아가시고 난 뒤의 효가 더욱 중요하다. 돌아가신 후의 봉양에는 두 종류가 있다. 하나는 상장례(喪葬禮)이고 다른 하나는 제사(祭祀)이다.

生事之以禮, 死葬之以禮, 祭之以禮. 『論語 · 爲政』
부모님이 살아계시면 예로써 섬기고, 부모님이 돌아가셔도 예로써 장사지내며, 제사를 지낼 때에도 예로써 한다.

愼終追遠, 民德歸厚矣. 『論語 · 學而』
부모의 상을 신중히 치르고 선조의 제사를 잘 모시면 백성의 덕이 돈후하게 될 것이다 부모를 장사 지내는 도리는 『예기』 가운데 「상대기(喪大記)」와 「상복대기(喪服大記)」, 「문상(問喪)」, 「분상(奔喪)」 편에 자세히 나온다.

"거적자리를 깔고 풀을 베개 삼아 눕는다(寢苫枕塊)",[1] "셀 수 없을 정도로 눈물을 흘리고, 근심과 괴로움으로 3년상을 나니 몸은 병들고 메마르기 때문에 지팡이로 병든 몸을 부축하는 것이다(哭泣無數, 服勤三年, 身病體羸, 以杖扶病也)"[2]와 같은 말들은 부모의 상을 당한 효자가 따라야 할 바의 모범이 된다. 제사는 오례(五禮)[3] 가운데 가장 중요한 것으로 중국 가족제도의 중심이 된다. "나라를 다스리는 것은 예를 근본으로 하고, 예를 행하는 것은 제사를 근본으로 한다(爲治以禮爲本, 行禮以祭爲本)"는 말은 나라를 다스리는 데 제사가 얼마나 중요한지를 단적으로 보여주는 말이다. 따라서 기독교가 중국에 전래된 후 가장 먼저 충돌을 일으켰던 것이 바로 제사 문제이다. 만약 '제(祭)'라는 말에 '기념한다'는 의 의미만 들어 있었다면 별 문제가 없었을 것이다. 그러나 부모를 이상적이고 완전한 존재로만 생각하여 죽을 때까지 존경하며 부모의 도를 바꾸지 않는 것은 과도한 것이다. ("삼년간 부모의 도를 바꾸지 않는다(三年

1) 부모의 상중(喪中)에 자식 된 자는 어버이가 흙 속에 묻혀 있음을 슬퍼하여 아주 검소해야 함을 이르는 말로 『예기 · 문상』 편에 나온다.
2) 『예기 · 문상』 편에 나온다.
3) 길례(吉禮, 즉 상장례를 제외한 모든 제사), 흉례(凶禮, 즉 상장례), 빈례(賓禮, 즉 손님접대), 군례(軍禮, 즉 군대 의식), 가례(嘉禮, 즉 관혼례)를 말한다.

無改於父之道. 『論語 · 里仁』)"는 말은 개인이 발전하는 데 장애로 작용했다.) 여기서 한 발 더 나아가 부모를 상제와 동일시하여("효는 아버지를 존경하는 것보다 더 큰 것이 없으며 아버지를 존경하는 데 있어서는 하늘을 소중히 여기는 것보다 더 큰 것이 없다(孝莫大於嚴父, 嚴父莫大於配天. 『孝經』).") 신비로운 존재로 떠받드니 이것을 어떻게 이해할 수 있겠는가. 제사는 첫째, 반드시 때가 있어야 하며, 둘째, 반드시 재계(齋戒)해야 하며,[4] 셋째, 반드시 경건해야 한다. 『예기 · 제의』 편에 나오는 말이다.

(3) 형은 우애하고(良) 아우는 공손히 한다(悌) 〔兄友弟恭〕

'友'는 좌측과 우측의 두 사람이 손을 맞잡고 있는 모습을 본뜬 글자이며, '良'은 우호적인 것을 의미한다.

『맹자』에 보면 순임금이 동생 상(象)에게 했다는 말이 나온다.

> 仁人之於弟也, 不藏怒焉, 不宿怨焉, 親愛之而已矣.
> 어진 사람은 자기 형제에 대하여 노여움을 마음속에 간직하지 않고 과거의 원한을 품지도 아니하며 다만 그를 친애할 따름이다.

---

4) '재계(齋戒)'란 제사를 지내기 전후의 몸과 마음가짐을 이르는 것으로 제사 전에 목욕하고 깨끗한 옷으로 갈아입으며 술을 취하게 마시지 않고 고기를 먹더라도 양념을 하지 않으며 초상집에 조문 가지 않고 음악을 듣지 않고 나쁘고 궂은일에는 참석하지 않는 것을 말한다.

『주자가훈(朱子家訓)』에도 다음과 같은 글이 나온다.

兄之所貴者愛也, 弟之所貴者敬也
형이 귀하게 여겨야 하는 것은 사랑이고, 동생이 귀하게 여겨야 하는 것은 공경이다.

이처럼 고대의 여러 문헌에서는 주로 동생의 책임과 의무에 대해서 강조하고 있는데, 이에 비해 형의 책임과 의무를 규정한 경우는 거의 없다. 윗사람은 높이고 아랫사람은 낮춘다는 생각은 중국 윤리사상의 특징 가운데 하나이다. '弟'라는 글자에는 원래 연장자 다음이라는 '순서', '차례'의 뜻이 담겨 있다. 즉 연장자보다 먼저 나서서는 안 된다는 의미이다. 이에 대해서는 유자(有子)가 잘 말하고 있다.

其爲人也孝弟, 而好犯上者鮮矣. 『論語 · 學而』
그 사람됨이 효성스럽고 공손하면서 윗사람 거스르기를 좋아하는 이는 드물다.

따라서 '장유유서(長幼有序)'라는 말이 있는 것이다. 전통 봉건 사회 속의 일부다처 가정에서는 가족 성원 간의 위계질서가 반드시 필요했다. 그렇지 않다면 적자(嫡子)와 서자(庶子)가 자신이 집안의 대를 잇겠다고 싸울 것이며, 장자(長子)와 차자(次子)가 재산을 차지하기 위해 싸울 것이며, 소(昭) 임금과 목(穆) 임금이 왕위를 뺏기 위해 싸울 것이니 그렇게 되었다면 일찌감치 종법 사회가 무너져 버렸을 것이다.

(4) 남편은 의롭고 아내는 순종한다(夫義婦聽)[5)]

'부부유별(夫婦有別)'은 원래 원시 사회 때에 적지 않았던 난혼(亂婚)에 대한 일종의 제재로 만들어진 말이다. 춘추시대에는 아비와 자식이 엄마를 함께 취하고, 임금과 신하가 처를 공유하고, 시아버지가 며느리를 취하며, 숙부가 형수를 취하는 일이 비일비재했다. 오빠와 누이 간에, 고모와 백부 간에, 윗사람과 아랫사람 간에 이렇게 흉측한 일들이 일어나는데 서로 간에 '구별을 두지' 않는다면 가족제도의 근간이 무너질 수밖에 없었을 것이다.

> 夫婦之道, 不可以不久也. 故受之以恒. 恒者久也. 『易 · 繫辭傳』
> 부부의 도는 오래지 않을 수 없기 때문에 항(恒)괘로 받는다. 항이란 오래 지속되는 것을 의미한다.

항괘의 상(象)은 진상손하(震上巽下) 즉 '강건한 것이 위에 있고

5) 『안자춘추(晏子春秋)』에는 '남편은 온화하고 아내는 유순하다(夫和婦柔)'라고 쓰고 있다. -저자 주

부드러운 것이 아래 있는(剛上而柔下)' 형태이다. 이 다섯 글자 속에 부부간의 책임이 분명하게 규정되어 있다. '부의(夫義)'와 '부의(父義)', 그리고 '임금은 신하를 예로써 부린다(君使臣以禮)'라는 말에서 알 수 있듯이 전통적으로 중국에서 남편[夫], 임금[君], 아버지[父]는 동등한 지위를 갖고 있는 것으로 간주되며, 따라서 이것을 삼강(三綱)으로 삼은 것이다. 아들은 아버지를 하늘로 여기고, 신하는 임금을 하늘로 여기고, 아내는 남편을 하늘로 여겨야 한다. 이 때문에 '임금, 아버지, 남편'은 중국 전통 윤리의 도덕적 토대를 이룬다. 땅은 비록 하늘에 대응되지만 하늘은 마땅히 땅을 다스려야 하고 땅은 당연히 하늘을 따라야 한다. 아내가 남편보다 위에 군림한다면 "암탉이 울면 집안이 망한다(牝鷄之晨, 惟家之索. 『서경 · 목서(牧誓)』)"는 경고를 어긴 것이라고 봤으니 이것이 어찌 가당키나 한 일인가? '婦'는 '女'[여자]와 '帚'[빗자루]가 합쳐진 글자로 원래는 빗자루를 가지고 땅을 쓰는 비복(婢僕)을 의미했다. 이처럼 집안을 돌보는 것 외에도 아내에게는 매우 중요한 직무가 있으니 그것은 '아들을 낳는 것'이다. 이 직무를 다하지 못할 경우 '칠거지악(七去之惡)'의 하나를 범한 것이 되어 평생 낯을 바로 들고 살 수 없었다. 천만다행으로 쫓겨나지 않게 되었다 하더라도 부인은 남편의 은혜에 감사하며 자진해서 남편에게 첩을 들이기를 청함으로써 자신의 허물을 덮고자 하였다. 중국 전통 사회에서 아들은 종실(宗室)을 잇고 제사를 모시는 중요한 직무를 갖고 있었다. "불효에는 세 가지가 있으니 후손이 없는 것이 가장 크다(不孝有三, 無後爲大. 『孟子 · 離

婁上』).” 만약 남편이 첩을 들이는 것을 아내가 반대한다면 사회적으로 지탄을 받았을 뿐만 아니라 질투 때문에 남편을 불효자로 만들었다고 온갖 수모를 다 당했을 테니 이것이 어찌 가당키나 한 일인가!

2. 향당(鄕黨)[6] 윤리

(1. 윗사람에 대해 2. 아랫사람에 대해 3. 대등한 관계의 상호 직무에 대해)

(1) 장유(長幼)

'장유(長幼)'는 윗사람과 아랫사람 모두와 관련이 있는 것으로 원래는 '형제'라는 말에서 나왔다.

鄕黨尙齒 …… 大道之序也. 『莊子 · 雜篇 · 天下』
마을에서는 나이 많은 사람이 받들어지는데 …… 이것이 위대한 도의 질서다.

天下有達尊三. 爵一, 齒一, 德一. 朝廷莫如爵, 鄕黨莫如齒, 輔世長

6) 향당(鄕黨)은 '자기가 태어났거나 살고 있는 시골의 마을이나 그 마을 사람들'로 '향당 윤리'는 오늘날로 말하자면 '마을 윤리', '마을 공동체 윤리'라고 할 수 있다.

民莫如德. 『孟子 · 公孫丑下』

세상에 존경을 받을 만한 것 세 가지가 있으니 관직이 하나요, 연령이 하나요, 덕이 하나이다. 조정에는 관직만 한 것이 없고, 향당에는 연령만 한 것이 없고, 세상을 돕고 백성을 자라게 하는 데는 덕만 한 것이 없다.

年長以倍, 則父事之, 十年以長, 則兄事之, 五年以長, 則肩隨之. 『禮記 · 曲禮』

나이가 나보다 배가 많으면 아버지처럼 섬기고, 열 살이 많으면 형처럼 섬기고, 다섯 살이 많으면 벗을 삼는다.

위에서 말한 것은 모두 젊은이가 연장자에 대해 갖추어야 할 덕목이다. 향음주례(鄕飮酒禮)[7]는 고대 사회에서 성행하던 일종의 회합으로 그 안에도 장유의 절도가 매우 정연하게 갖추어져 있었다.

六十者坐, 五十者立侍, 以聽政役, 所以明尊長也. 六十者三豆, 七十者四豆, 八十者五豆, 九十者六豆, 所以明養老也. 民知尊長養老, 而後乃能入孝弟. 民入孝弟, 出尊長養老, 而後成教, 成教而後國可安也. 『禮記 · 鄕飮酒義』

---

7) 온 고을 안의 유생(儒生)이 모여 읍양(揖讓)의 예를 지켜 술을 마시던 의식으로 이를 통해 서로에 대한 예의를 교습한다.

나이 60된 자는 당(堂) 위에 앉고, 50된 자는 당 아래 서서 정사(政事)를 듣는 것은 어른을 높임을 밝히기 위함이고, 60된 자는 세 접시[豆]이고, 70된 자는 네 접시, 80된 자는 다섯 접시, 90된 자는 여섯 접시를 주는 것은 노인 섬기는 일을 밝히기 위함이다. 백성이 어른을 높이고 노인을 섬기는 것을 안 후에 능히 집에 들어가 효제하고 나와서는 어른을 높이고 노인을 섬기게 된다. 그런 다음에 가르침을 이룰 수 있고, 가르침을 이룬 다음에 나라가 편안할 수 있다.

어른이 젊은이에게, 젊은이가 어른에게 갖추어야 할 예의의 구체적 조목에 대한 언급은 없지만 향당윤리는 가족윤리가 확대된 것이라는 것을 잘 알 수 있다.

老吾老以及人之老, 幼吾幼以及人之幼. 『孟子 · 梁惠王』
내 집 어른을 어른으로 공경하여 그 마음을 다른 집 노인에게까지 미치게 하고, 또 내 집 어린이를 어린이로 사랑하여 그 마음을 다른 집 모든 어린이까지 미치게 하라.

공자는 일찍이 이에 대해 '편안하게 해 준다[安]'와 '따뜻하게 감싸 준다[懷]'는 말로 표현한 적이 있다. "노인들을 편안하게 해 주고, 벗들에게는 신의를 지키며, 젊은 사람들은 따뜻하게 품어 주련다(老者安之, 朋友信之, 少者懷之. 『論語 · 公冶長』)."

(2) 친구〔朋友〕

'친구'는 수평적이고 평등한 관계로 수천 년 동안 '신의가 있다(有信)'라는 말로 표현되어 왔다. '信'이라는 글자는 말에 있어서의 성실성뿐만 아니라 마음의 성실성도 포함하고 있다. 마음의 성실성이란 선한 것은 서로 권하고 허물은 서로 충고해 준다(善相勸, 過相規)는 것을 의미한다.

> 朋友切切偲偲. - 孔子
> 벗끼리는 간절하고 자상하게 권면해 준다.

> 君子以文會友, 以友輔仁. - 曾子
> 군자는 학문으로써 벗을 모으고 벗을 통하여 인을 더한다.

> 積善, 朋友之道也. - 孟子
> 선을 쌓는 것은 친구간의 도리이다.

> 講學以會友, 則道益明. - 朱熹
> 강학으로써 벗을 모으면 도가 더욱 밝아진다.

위의 문장은 모두 친구 간에 서로 권면(勸勉)해야 하는 의무에 대해 말하고 있다. 따라서 친구를 사귐에 신중해야 하는 것은 매우 당연한 일이다.

近朱者赤, 近墨者黑.「太子少傅箴」

먹을 가까이 한 사람은 검어지고 인주를 가까이 한 사람은 붉어진다.

與善人居, 如入芝蘭之室, 久而不聞其香, 卽與之化矣. 與不善人居, 與入鮑魚之肆, 久而不聞其臭, 亦與之化矣.『孔子家語』

선한 사람과 같이 거하면 지초나 난초가 있는 방 안에 들어간 것 같아서 오래되면 그 향기를 맡지 못하나 곧 향기에 동화되고, 선하지 못한 사람과 같이 거하면 비린내 나는 생선가게에 간 것 같아서 오래되면 그 냄새를 맡지 못하나 또한 냄새에 동화된다.

친구와의 관계가 이처럼 중요하니 "유익한 세 종류의 벗, 손해가 되는 세 종류의 벗(益者三友, 損者三友.)"[8]이라는 말이 나온 것이다. 친구를 사귀는 것은 사회생활을 하는 데 있어서 대단히 중요한 일 가운데 하나이다.

이 밖에 향당 속에서 다해야 할 의무가 있으니 노약자나 가난한 사람, 몸이 불편한 사람에 대한 구휼(救恤)이 그것이다. '구휼'에 관한 언급은『주례』에도 보인다.『주례』에서는 형벌로써 구휼을 유

8) 『논어 · 계씨(季氏)』에 나온다. 유익한 세 종류의 벗은 곧고(直), 성실하고(諒), 견문이 많은(多聞) 벗이고, 손해가 되는 세 종류의 벗은 편벽되고(便辟), 무르기만 하고(善柔), 말만 번지르르한(便佞) 벗을 이른다.

도하는 것에 대한 내용이 나온다.

> 以鄕八刑, 糾萬民. 一曰不孝之刑, 二曰不睦之刑, 三曰不姻之刑, 四曰不弟之刑, 五曰不任之刑, 六曰不恤之刑, 七曰造言之刑, 八曰亂民之刑. 『周禮 · 地官』
>
> 향(鄕)에서는 여덟 가지 형벌로 백성들의 행실을 바로잡았다. 첫째는 불효에 대한 형벌, 둘째는 친족끼리 화목하지 못한 행위에 대한 형벌, 셋째는 외척 등 친척끼리 친목하지 않는 행위에 대한 형벌, 넷째는 윗사람에게 공손하지 못한 행위에 대한 형벌, 다섯째는 벗에게 신의 없는 행위에 대한 형벌, 여섯째는 가난한 사람을 구제하지 않는 것에 대한 형벌, 일곱째는 말을 날조한 행위에 대한 형벌, 여덟째는 혹세무민한 행위에 대한 형벌이다.

'구휼'이란 동정심의 발로로 노인을 보면 자연히 부축하려는 마음이 생기는 것과 같은 것이며, "가벼운 짐은 합치고, 무거운 짐은 나누어 갖는다(輕任幷, 重任分. 『禮記 · 王制』)"고 할 수 있다. 병자를 돕는 것은 오늘날 말하는 공공도덕의 일부분이다. 그러나 안타깝게도 중국의 공공도덕은 단지 이 몇 가지뿐이고 그마저도 대부분 소극적인 것들이니 적극적인 실천으로 이어질 수 있는 내용이 상당히 부족하다. 우리가 알고 있는 사회도덕의 내용이 선당(善堂, 옛날 각 지방에 있던 자선단체), 의총(義塚, 義士의 무덤), 육영(育嬰, 어린 아이를 길러 키움), 청절(淸節, 맑고 깨끗한 절개), 시관(施棺, 죽은 자에게

관을 줌), 시죽(施粥, 죽을 시주함) 등에 불과하니 어찌 부족하다 하지 않겠는가?

3. 국가도덕-군신 상호 간의 직무

'군신(君臣)'이란 말은 광의와 협의 두 가지로 해석할 수 있다. 넓은 의미의 군신은 일반 계급 및 '고용주와 피고용자'의 관계를 가리키는 것이다. 『좌전(左傳) · 소공7년(昭公七年)』에서 말하는 것이 바로 그런 관계이다.

> 王臣公, 公臣大夫, 大夫臣士, 士臣皁, 皁臣輿, 輿臣隸, 隸臣僚, 僚臣僕, 僕臣臺.
> 왕(천자)은 공(제후)을 신하로 삼고, 공은 대부를 신하로 삼고, 대부는 선비(士)를 신하로 삼고, 선비는 조(皁, 하인)를 신하로 삼고, 조는 여(輿, 종)를 신하로 삼고, 여는 예(隸, 종)를 신하로 삼고, 예는 요(僚, 종)를 신하로 삼고, 요는 복(僕, 종)을 신하로 삼고, 복은 대(臺, 종)를 신하로 삼는다.

그러나 여기서는 좁은 의미, 즉 국가 지도자와 백성의 관계에 대해서 말하겠다. 중국에는 원래 국가가 없었다(앞 장을 보라). 임금이라는 존재는 부족 수령에서 나온 것으로 부족 성원 가운데 힘세고 출중한 자를 가리키는 말이었다. 그는 약간의 영토를 가지고 있었으며 부족민들의 추앙을 받았다. 추장의 영도력이 강하지 못할 경우 그보다 강한 자가 그 자리를 대체했는데 그 방법으로는 '선양(禪讓)'이나 '혁명(革命)'이 있다. 이것은 삼황오제(三皇五帝) 때의 군신관계이다. 진(秦)나라 이전에는 대부분 이런 관계가 유지되었기 때문에 공자는 장저(長沮) 등의 말을 비판하며 "군신 간의 의를 어찌 폐할 수 있단 말인가(君臣之義, 如之何其廢之. 『論語 · 微子』)"라고 한 것이다. 맹자 또한 '군신유의(君臣有義)'에 대해 여러 차례 강조해 말했다.

> 君之視臣如手足, 則臣視君如腹心, 君之視臣如犬馬, 則臣視君如國人, 君之視臣如土芥, 則臣視君如寇讎. 『孟子 · 離婁下』
> 임금이 신하를 보기를 손과 발처럼 여기면 신하가 임금을 보기를 자기의 배와 심장같이 여길 것이고, 임금이 신하를 보기를 개와 말같이 여기면 신하가 임금 보기를 길 가는 낯선 사람같이 여길 것이고, 임금이 신하를 보기를 흙과 쓰레기같이 여기면 신하가 임금 보기를 원수같이 여길 것이다.

공자는 또 이렇게 말했다. "임금은 예로써 신하를 부리고 신하는 충으로써 임금을 섬긴다(君使臣以禮, 臣事君以忠. 『論語 · 八佾』)." 유가는 비록 존왕양이(尊王攘夷, 왕실을 높이고 오랑캐를 물리침)를 주장했지만 군주를 절대적으로 신성한 위치에 올려놓은 것은 아니었다. 다시 말하자면, 당시 군신관계는 상대적인 것으로 임금은 신하에 대해 마땅한 대우를 해 주어야 했고, 신하는 임금이 자신을 대우하는 것에 따라 자신의 행동을 결정했다. 이것은 예양(豫讓)이 말한 "나를 보통 사람으로 대우하면 보통 사람으로 보답하고, 나를 나라의 선비로 대우하면 나라 선비의 몫으로 보답한다(衆人遇我, 衆人報之, 國士遇我, 國士報之. 『史記 · 刺客列傳』)"는 의미이다. 심지어 군주가 도를 거스르는 행위를 하면 신하는 군주를 칠 수 있었다. 그래서 맹자도 "한 지아비인 주를 베었다는 말은 들었지만 임금을 시해했다는 말은 듣지 못했습니다(聞誅一夫紂矣, 未聞弑君也. 『孟子 · 梁惠王下』)"라고 한 것이다. 군신의 관계는 의로써 투합한 것이니 신의가 지켜지지 않는다면 임금을 제거할 수도 있으며 신하라 해도 임금에 대해 절대 복종의 의무가 있었던 것은 아니었다. 즉 봉록이 가장 많고 관직이 제일 높은 '대신(大臣)' 또한 "도로써 군주를 섬기고, 도가 아니면 그친다(以道事君, 不可則止. 『論語 · 先進』)"라는 원칙에 철저했으니 이들 이외의 미관말직의 관리나 백성들이야 더 말할 것도 없다.

한나라 초에는 신비적이고 미신적인 관념이 성행했지만 동시에 종법제도가 확립된 시기이기도 하다. 군주와 제왕은 가장의 지위에 비유되었을 뿐만 아니라 하늘을 대표하는 절대적인 존재가 되었다. 『상서』에 보면 다음과 같은 말이 나온다.

> 惟天地萬物父母, 惟人萬物之靈, 亶聰明作元后, 元后作民父母. 『周書 · 泰誓』

천지는 만물의 부모이며 사람은 만물의 영장이다. 진실로 총명하면 천자가 될 수 있고, 천자는 백성의 부모가 된다.

天生民而樹之君, 使司牧之, 群物所以系命也. 故戴之如天地, 親之如父母, 仰之如日月, 事之如神明. 其或受雪霜之嚴, 雷電之威, 則奉身歸命, 有死無貳. 故『傳』曰 : 君天也, 天可逃乎? 此人臣所執之常也. 『春秋 · 釋例』

하늘이 백성을 내고서 임금을 세워 그 임금으로 하여금 백성을 다스리도록 하니 만물이 성명을 기탁하였다. 그러므로 천지처럼 마주하고 부모처럼 친하고 일월처럼 바라보고 신명처럼 섬겨야 한다. 혹여 눈과 서리처럼 엄하고 천둥과 번개처럼 위엄이 있어도 몸을 바쳐 명을 받아야 하니 죽음만 있을 뿐 두 마음은 없어야 한다. 따라서 『전』에서 말한다. "임금은 하늘이다. 하늘로부터 도망갈 수 있겠는가?" 이것이 바로 신하들이 지켜야 할 상도이다.

군주는 하늘에 비유되고 아버지에 비유된다. 따라서 임금이 하고자 하는 일은 신하가 절대적으로 따라야 하는 것이 되었다. "천왕은 현명하시니 신하가 죄를 지으면 마땅히 죽어야 한다(天王聖明, 臣罪當誅.)", "군주가 신하에게 죽으라 하면 죽을 수밖에 없다(君要臣死, 不得不死)"와 같은 관용어들은 당시 사회의 분위기를 잘 대변해 주는 것이다.

청대 이래, 고증학이 성행하자 고대 사회의 실상이 하나하나

드러나게 되었다. 그 후 공양학파가 득세하고 서양학설이 전래되어 들어오면서 황제의 권위에 맞선 국민들의 혁명이 성공하였다. 예상컨대 앞으로 중국에서 군신간의 윤리는 더 이상 존재할 수 없다. 중국은 잘못된 윤리 관념으로 인해 너무나 많은 손해를 봤다. 군신 간의 윤리, 가족제도의 지나친 확장은 오랜 시간 중국사회를 좌지우지했기 때문에 이천 여년이 지난 지금도 '국가 도덕'은 제대로 확립될 수 없었다. 국민에 대한 국가의 의무와 국가에 대한 국민의 의무에 대해 전혀 들어본 적이 없을 뿐만 아니라 교육도 받아본 적이 없다. 오늘날 국내외적으로 다양한 사조들이 앞다투어 생겨나면서 민족, 민권의 관념도 일반 사람들의 의식 속에 점차 자리잡아 가고 있다. 국가에서도 새로운 교육 프로그램을 만들어 시행을 준비하고 있으니 머지않은 미래에 좋은 결과가 있을 것이다.

4. 이후 타인에 대한 의무

위에서 말한 세 가지 측면(가족도덕, 향당도덕, 국가도덕)의 내용을 다시 정리해 보겠다. 타인에 대한 의무에서 가장 큰 폐단은 방식이 매우 일방적이고 불평등한 원칙 위에 세워져 있다는 것이다. 일방적인 도덕은 원래 종법제도를 유지하는 필요조건으로 종법제도 아래에서만 유효한 것이며, 그 근본은 '효'라고 할 수 있다. 따라서 미래의 의무 관념은 '효'가 어떻게 변화 발전하는가에 따라 변화할 것이다. 신문화 운동과 같은 사상혁명이 '효' 관념을 비판하며 일어난 것만 봐도 잘 알 수 있다. 현재 전통적인 '효' 관념은 이미 무너져 중국인의 관심 밖으로 밀려났다. 따라서 종법사회가 막을 내리는 것과 마찬가지로 종법사회의 산물인 '효' 관념도 자연히 도태되고 소멸될 것이라는 데 의심의 여지가 없다. 앞으로 타인에 대한 의무는 반드시 평등과 자유의 원칙 하에서 지켜져야 한다. 그렇지 않다면 새로운 사회를 만들어 낼 수도, 세계 조류에 호응할 수도 없게 될 것이다.

결론적으로 말하자면 타인에 대한 의무는 사회적 존재의 활동으로부터 나오는 것이다. 사회가 변화함에 따라 의무의 방식 또한 변화한다. 현재 중국은 대전환의 시기이다. 새로운 가정과 새로운 국가, 새로운 사회가 '새로운 의무관념'을 기초로 출현하려 하고 있다. 따라서 한 발 앞서서 현재의 혼란과 논쟁을 정리 · 연구하고 교정 · 보완함으로써 고통스런 과거의 경험을 떨쳐내고 새로운 생활방식을 만들어 내도록 노력해야 한다. 이것이 바로 오늘날 우리가 거스를 수 없는 시대적 책무인 것이다.

해제

한성구

1. 중국 근대 시기의 중국윤리학사 저술

'倫理學'이라는 용어는 일본에서 만들어져 전래된 외래어이다. 메이지 시대의 학자가 서양어 'ethics'를 번역하면서 『예기(禮記)』 「악기(樂記)」에 나오는 '倫理'[1]라는 말을 가져와 만든 근대어이다. 일본의 서양 철학 용어 사전인 『철학자휘(哲學字彙)』(1881)에 보면 'ethics'를 '倫理學'으로 번역하고 있는데, 이 책의 주 편집자인 이노우에 데츠지로(井上哲次郎)에 따르면, 번역어로서의 '윤리학'은 실천이 아닌 이론 추구를 위한 것으로 당위적 행위와 관련된 것이라기보다는 논리적 탐구의 학문이라는 의미가 강하다.[2]

청말(淸末) 민국(民國) 초기 옌푸(嚴復)가 헉슬리(T. H. Huxley)의 *Evolution and Ethics*를 『진화론과 윤리학(進化論與倫理學)』(1893)으

1) 『예기』 「악기」 편에는 "樂은 倫理에 통한 것이다(樂者, 通倫理者也)"라는 말이 나온다.

2) 이노우에 엔료(井上圓了)의 『윤리통론(倫理通論)』에 따르면 윤리학은 '무리(倫)'에 관한 '리학(理學)', 즉 사이언스이다.

로 번역하면서 중국에서도 '윤리학'이라는 말이 통용되기 시작했다. 다시 말하자면 옌푸가 '윤리학'이라는 일본어를 들여오기 전까지 중국에 '윤리학'이라는 말은 없었다는 것이다. '윤리학'이라는 말이 없었다는 것은 서구적 의미의 '윤리학'에 해당하는 실질이 없었다는 것이고, '윤리학'이 없었기 때문에 '순수한 윤리학사'도 존재하지 않았다고 할 수 있다.

1911년 신해혁명(辛亥革命)과 1919년 5.4신문화운동을 거치면서 서양 윤리학을 소개하고 중국윤리학사를 서술하려는 움직임이 본격적으로 일어나게 되었다. 중국인에 의해 저술된 최초의 근대적 의미의 중국윤리학사는 차이위안페이(蔡元培)가 쓰고 상하이 상무인서관(商務印書館)에서 출판한 『중국윤리학사(中國倫理學史)』(1910)[3]이다. 베이징대학(北京大學) 총장을 역임하고 중국 교육의 근대화에 중요한 공헌을 한 차이위안페이는 일본인 기무라 다카타로(木村鷹太郎)의 『동양서양윤리학사(東洋西洋倫理學史)』[4]와 구보 도쿠지(久保得二)의 『동양윤리사요(東洋倫理史要)』[5]를 참조해 책을 저술했다. 차이위안페이는 "우리나라는 예로부터 윤리학을 매우 중

3) 『중국윤리학사(中國倫理學史)』는 차이위엔페이가 독일에 있을 때 저술한 것으로 초판에는 저자가 차이전(蔡振)으로 되어 있다. 한국에서는 1990년 새문사에서 『蔡元培의 中國倫理學史』(김용섭 · 장윤수 역)라는 제목으로 출간되었다.

4) 井上哲次郎閱, 木村鷹太郎著, 『東洋西洋倫理學史』, 博文館, 1898. 이 책은 1903년 판디지(范迪吉) 등의 번역으로 상하이 회문학사(會文學社)에서 『東西洋倫理學史』라는 제목으로 판각되었다.

5) 久保得二, 『東洋倫理史要』, 育成会, 1904.1.

시하였는데 오늘날에 이르기까지 윤리학사 하나가 없다."고 말했다. 역사서에 실린 각종 유림전(儒林傳), 도학전(道學傳), 그리고 『송원학안(宋元學案)』, 『명유학안(明儒學案)』 등은 철학사이지 윤리학사가 아니라는 것이다. 또한 윤리학에 관한 중국의 기존 저술은 철학과 정치학 등 다른 분야의 학설이 잡다하게 섞여 있어 순수한 윤리학 저작이라 보기 어려우며, 외국 학자가 쓴 윤리학사는 내용이 주관적이고 제각각이기 때문에 중국인에 의한 일반적이고 체계적인 중국 윤리학사의 서술이 시급하다고 강조했다.

『중국윤리학사』는 모두 33장으로 되어 있으며 글자 수는 십만여 자에 달한다. 전설 속의 당우(唐虞)부터 청말까지를 시간적 범위로 삼아 중국윤리학의 발전 과정을 3기로 구분한 후, 그 아래에 다시 장절을 두어 대표적인 윤리학자 30여 명의 사상을 소개했다. 특히 특정 학파의 입장에서가 아닌 객관적이고 공정한 관점에서 중국 윤리사상의 흐름을 서술하고자 노력한 점은 높이 살 만하다. 예를 들면, 공자(孔子)로 대표되는 유가(儒家)는 중국 민족의 근본 이상을 대표하지만 철학의 깊이 측면에서는 도가(道家)에 못 미치고 법리(法理)의 정밀함 측면에서는 법가(法家)에 못 미치며 인류 평등의 관념에서는 묵가(墨家)에 못 미친다고 하였다. 또한 명학(名學)적 검토가 없는 유학의 절충주의는 논리적으로 모순되는 내용이 많다고 하였으며, 유학에 비판적 입장을 견지한 왕충(王充)과 왕안석(王安石)의 아첨하지 않는 태도와 탁월한 식견도 높이 평가했다. 송(宋)의 주희(朱熹)에 대해서는 근면한 연구 태도와 풍부한 저술로 유학 사상을 집대성한 공을 높이 평가했지만, 다른 한편으로는 독단적이고 보수적인 성향으로 인해 그 사상이 역대 지배자들에 의해 악용되기도 했다며 비판했다. 육학(陸學)을 부흥시킨 왕양명(王陽明)은 주자학 말류(末流)의 폐단을 일소하고 사상 자유를 촉진시켰으며 실천을 중시함으로써 사상계의 분위기를 일신한 공이 크다며 긍정적인 평가를 내렸다.

물론 『중국윤리학사』도 내용과 형식상에서 부족한 점이 없지 않다. 중국 고대 문화를 남북으로 나눈 다음 유가는 중국의 북방문화를 대표하고, 도가는 중국의 남방문화를 대표하며, 묵가는 북쪽에서 발전했고, 농가는 남방문화의 한 줄기이며, 법가는 남북학파를 절충했다고 서술한 점은 독창적이긴 하지만 논증이 부족해 학술적 근거로 삼기 힘들다. 또한 서양의 공리주의와 동기주의로 중국의 윤리 사상을 분석하거나 장자(莊子)의 학설을 '최신의 사회주의'에 가깝다고 한 것 등은 지나치게 견강부회한 감이 있다. 이밖에 공자진(龔自珍), 위원(魏源), 캉유웨이(康有爲), 담사동(譚嗣同) 등 근대 시기 인물을 다룬 부분이 너무 간략한 것도 아쉬운 점이다. 그렇지만 『중국윤리학사』는 중국학자가 서양 윤리학 이론과 서술 형식을 취해 중국 고유의 윤리사상을 저술한 최초의 중국 윤리학사라는 점에서 중요한 의미가 있으며, 출간 이후 1927년까지 11판이나 인쇄된 이래 오늘날까지도 여전히 학자들의 높은 평가를 받는 동시에 대중들의 관심을 끌고 있다.

캉유웨이(康有爲)의 제자 쉐정칭(薛正淸)이 쓰고 베이징 관학사

(關學社)에서 출간한 『유가의 윤리사상(儒家的倫理思想)』(1927)이란 책도 1920년대에 나온 몇 안 되는 중국윤리학사 중 한 권이다. 그렇지만 이 책은 유가의 윤리사상만을 다루고 있어 본격적인 중국윤리학사로 보기에는 미흡함이 있다. 형식적으로 근대적 윤리학사의 형태를 갖추고 있는 책으로는 일본의 윤리학자 미우라 도우사쿠(三浦藤作)가 쓰고 장종위안(張宗元) · 린커탕(林科棠)이 번역해 출간한 『중국윤리학사(中國倫理學史)』(1926)[6]를 들 수 있다. 이 책의 저본은 1923년 도쿄(東京)의 중흥관서점(中興館書店)에서 1923년 출간된 『동양윤리학사(東洋倫理学史)』인데 제목과는 달리 책에서는 중국윤리학사만 다루고 있기 때문에 『중국윤리학사』라는 제목으로 바꾸어 출간했다. 중국 사상 전반에 대해 시대적 배경과 사회적 관계까지 고려해 다루고 있다는 점에서 이 책은 근대적 사상사로서의 면모를 갖추고 있지만 번역서이기 때문에 중국의 실정을 충분히 반영하지 못하고 있다는 한계가 있다.

이상의 책을 제외하고 20세기 초반에 중국인이 저술한 대표적 중국윤리학사로는 셰푸야(謝扶雅)가 쓴 『중국윤리사상술요(中國倫理思想述要)』(1928)와 『중국 윤리사상 ABC』(1929)를 들 수 있다. 『중국윤리사상술요』는 서론[引論], 중국 윤리의 기본 관념[中國倫理底基本觀念], 최고 이상(最高理想), 의무론[本務論]의 4장으로 구성되어 있

6) 이 책은 2007년 도서출판 원미사에서 『중국윤리사상사』(강봉수 · 김성룡 · 박재주 역)라는 제목으로 출간되었다. 그러나 옮긴이 서문에서도 언급했듯이 이 책은 미우라 도우사쿠의 원서가 아닌 중국어 번역본을 저본으로 삼은 것이다.

으며, 책의 서두에는 미국 컬럼비아 대학과 프린스턴 대학에서 박사학위를 받은 장저쉬안(莊澤宣)의 서문이 붙어 있다. 중국 윤리사상의 발전과 특징, 기본 범주를 주 내용으로 하고 있는 이 책은 다음 해 나온 『중국 윤리사상 ABC』의 초판본에 해당한다 할 수 있다. 『중국윤리사상술요』는 저자가 링난대학(嶺南大學)에서 강의했던 내용을 모아 1928년 광저우(廣州) 링난대학서국(嶺南大學書局)에서 출간한 책으로 책이 품절될 정도로 호응이 좋자 약간의 수정·보완을 거쳐 상하이(上海) 세계서국(世界書局)에서 쉬웨이난(徐蔚南)이 기획한 『ABC총서』로 출간한 것이다. 따라서 이때 제목도 『중국 윤리사상 ABC』로 바뀌게 되었다. 『ABC총서』는 1920년대 후반 중국에서 출간된 대표적 총서로 인문·사회·과학 분야의 지식을 해당 분야의 학자들이 쉽게 풀어 서술한 책들로 구성되어 있으며 1930년까지 150여 권이 출간될 정도로 인기가 좋았다. 『중국 윤리사상 ABC』는 가치관의 대 전환기에 전통윤리사상을 점검하고 사람들이 새로운 윤리관을 정립하는 데 도움을 주기 위한 의도로 저술되었기 때문에 전통 윤리 관념의 근대적 전환과정을 엿볼 수 있다는 점에서 그 의의가 크다. 책의 분량은 115쪽으로 그리 많지 않지만 이 책도 인기가 좋아 1929년 초판을 발행한 이래, 1930년까지 모두 4판을 찍었다.

2. 셰푸야의 생애와 저작

『중국 윤리사상 ABC』의 저자 셰푸야는 청 광서(光緖) 18년(1892) 저장성(浙江省) 샤오싱(紹興) 산인현(山陰縣)에서 태어났다. 아명은 주광(祖光), 첸(謙)이며, 과거 시험을 치러 갈 때 외숙이 웨이따(惟大)라는 이름을 지어 주셨다. 푸야(扶雅)는 자(字)이다.[7] 일본에서 유학할 때는 나이런(乃壬)이라는 이름을 썼는데 귀국 후에는 푸야라는 이름으로 활동했다. 셰푸야는 2살 때 아버지를 여의었지만 4살 때부터 외숙에게 유교 경전을 배워 중국 전통 사상의 영향을 깊이 받았다. 자서전 『거류점적(巨流點滴)』에 따르면 어린 시절 그는 논어(論語), 맹자(孟子), 대학(大學), 중용(中庸)뿐만 아니라, 이아(爾雅), 서경(書經), 역경(易經), 예기(禮記), 주례(周禮), 춘추좌전(春秋左傳), 공양전(公羊傳), 국어(國語), 국책(國策), 사기청화록(史記菁華錄), 동래박의(東萊博議) 등을 익혔는데 그 수준이 어느 구절이든 막힘없이 외울 정도였다고 한다.

1911년 초, 셰푸야는 외숙의 도움을 받아 일본 유학을 떠났다. 1914년 도쿄고등사범학교(東京高等師範學校)에 관비생으로 입학한 그는 1915년 기독교회(基督教會)가 세운 입교대학(立教大學, St. Paul's University)으로 옮긴 후 성공회 교당에서 세례를 받았다. 1916년, 중국에 돌아와 중화기독청년회(中華基督教青年會)의 요청으로 8년 동

7) 이름과 자는 모두 『한서(漢書)』에 나오는 "夫惟大雅, 卓而不群(덕이 높은 사람은 일반 대중과 다르다)"이라는 구절에서 가져왔다.

안 청년회를 맡아 이끌었는데, 이 기간 동안 포스딕(H. E. Fosdick)의 『기도발미총론(祈禱發微總論, Comments of the Meaning of Prayer)』과 『완인지범(完人之範, the Manhood of the Master)』, 『베이컨문집(培根文集, Francis Bacon' Essays)』 등을 번역하고 청년회 회보 『동공(同工)』의 간행을 맡아 편집을 담당했다. 1925년, 청년회의 지원으로 미국에 건너간 셰푸야는 시카고대학과 하버드대학에서 종교철학과 서양철학을 공부했다. 그는 당시 미국에 강연차 와 있던 영국 철학자 화이트헤드(A. N. Whitehead)와 하버드대의 호킹(W. E. Hocking) 교수에게 많은 가르침을 받았는데, 특히 화이트헤드가 쓴 『변화 과정 속의 종교(Religion in the Making)』는 그의 사상이 형성되는 데 매우 중요한 영향을 미쳤다.

1927년 귀국한 그는 광저우에서 중국 최초의 종교 철학 저작인 『종교철학(宗教哲學)』과 『인격교육론(人格教育論)』을 펴냈고, 다음 해 링난대학 철학과에 초빙되어 학생들을 가르치며 『인생철학(人生哲學)』, 『중국 윤리사상 ABC』, 『윤리학(倫理學)』, 『기독교강요(基督教綱要)』 등을 출간했다. 그는 「라이프니츠와 동서문화(萊布尼茲與東西文化)」, 「도와 로고스(道與羅各斯)」 등과 같은 동서비교철학 논문을 발표하는 동시에 중국 전통문화에 대한 연구도 게을리 하지 않아 『중국문사술평(中國文史述評)』, 『중국정치사상사강(中國政治思想史綱)』 등의 책을 펴내기도 했다. 항일전쟁 시기에는 허베이(河北)에서 중화평민교육촉진회(中華平民教育促進會) 비서주임을 역임했으며, 후에 다시 링난대학, 중산대학(中山大學), 동우대학(東吳大

學)에서 학생들을 가르쳤다. 1941년 국립사범학원(國立師範學院)에 재직하며 『기독교와 현대사상(基督教與現代思想)』을 저술했고, 로이스(J. Royce)의 『종교철학(宗教哲學)』을 번역했다. 1947년에는 『도덕철학(道德哲學)』을 저술했다. 1949년에는 홍콩으로 거주지를 옮겨 홍콩 청지학원(崇基學院, 나중에 홍콩 中文大學에 편입), 침회학원(浸會學院) 등에서 학생들을 가르쳤으며 『당대도덕철학(當代道德哲學)』, 『중국문사술평』, 『윤리학』 등을 펴냈다.

1958년부터 10여 년 동안은 미국에 머무르며 『기독교 역대 명저 집성(基督教歷代名著集成)』 작업에 매진해 10권의 저작을 편역해냈다. 여기에는 『칸트의 도덕철학(康德的道德哲學)』, 『키에르케고르의 인생철학(祁克果人生哲學)』, 『성 토마스 아퀴나스 신학(聖多默神學)』, 『동방교부신학(東方教父神學)』, 『휘겔(Hugel)의 종교적 신비 요소(許革勒宗教的神秘要素)』, 『성공회 사상가 문선(安立甘宗思想家文選)』 등의 명저가 포함되어 있다. 이 작업을 마무리한 후, 80세 고령의 셰푸야는 동서비교철학 연구에 매진하며 『기독교와 중국사상(基督教與中國思想)』, 『주역논집(周易論集)』, 『중용과 도리(中庸與道理)』 등의 저서와 「유중론—중국특유의 철학(唯中論—中國特有的哲學)」, 「신유중론발범(新唯中論發凡)」 등의 논문을 발표했다. 아울러 『남화소주산방문집(南華小住山房文集)』, 『셰푸야선생만년문록(謝扶雅先生晚年文錄)』 및 자서전 『거류점적』도 집필했다. 1981년 이후, 셰푸야는 타이완과 중국 대륙에서 여러 차례의 학술 강연을 진행했으며, 1986년 광저우에서 생활하다 1991년 세상을 떠났다.

3. 셰푸야의 사상

셰푸야는 약 천만 자에 달하는 저술을 남겼는데, 연구 범위는 종교철학과 동서비교철학, 윤리학 등의 분야에 걸쳐 있다. 종교철학 방면에서 살펴보자면, 그가 1927년 쓴 『종교철학』은 종교 이론 체계에 대해 서술한 중국 최초의 저작으로 학술계에서 높은 평가를 받고 있다. 책에서 그는 종교철학은 신학과 다르다고 주장하였으며, 구체적 종교를 초월해 실증적이고 경험적인 연구를 진행하고, 종교사와 종교 심리학 자료들을 분석해 종교의 의의와 가치를 설명했다. 동서비교철학 방면에서는 '본위문화론(本位文化論)'에 반대하였을 뿐만 아니라 '전반서화론(全盤西化論)'도 거부했다. 그는 서양 문화의 원류가 헬레니즘의 이성주의와 경건한 헤브라이즘에 있으며 여기에 로마의 법치가 더해진 것이라고 보았다. 그러나 100여 년 동안 중국의 전통 지식인들은 서양 사상의 근본 정수를 파악하지 못하고 '사이장기(師夷長技)'나 '중체서용(中體西用)'과 같은 관념의 굴레에 갇혀 서양의 껍데기만 배워왔다. 5.4시기 '민주'와 '과학'을 외친 진보적 지식인들도 다를 바가 없었다. 과학, 민주, 자유, 평등의 근원은 모두 헬레니즘과 헤브라이즘에 있으며, 그것들의 정신적 지주 역할을 해 준 것이 바로 서양 종교이다. 따라서 서양 종교에 대해 제대로 알지 못하면 서양 문화와 학술의 핵심을 파악할 수 없으며, 그렇게 되면 중국의 부강과 근대화도 이룰 수 없다고 생각했다. 그렇다고 해서 그가 중국의 전통문화를 거부한 것은 아니었다. 그는 천쉬징(陳序經)의 '전반서화론'을 비판했으며 라이프니츠나 제임스 레게(James Legge, 李雅各) 등과 같이 중국 사상을 서양에 소개한 학자들을 높이 평가하기도 했다. 그는 동서 문화의 정수를 종합적으로 흡수하고 융합함으로써 '창조적 종합(創造的綜合)'을 통해 더 고차원적인 철학을 창조하기 위해 노력했다.

셰푸야는 화이트헤드의 영향으로 비판과 반성, 합리적 해석을 통한 '이성(理性)'적 종교를 강조했지만 종교에 대한 과학의 완전한 지배를 용인한 것은 아니다. 1924년 '과현논쟁(科玄論爭)'이 발생하기 직전에 번역한 『도원(道原, God and Man)』 서문에서 그는 종교상의 문제나 상제(上帝)에 관한 것은 과학적 절차와 방법으로 완전한 해답을 얻을 수 없다고 주장했다. 그는 한편으로는 과학 발전이 사회와 인생의 진보를 추동하는 중요한 역량이므로 과학적 태도에 기초해 종교 신앙과 인생철학을 연구해야 한다고 보았지만, 다른 한편으로는 과학 방법이 종교 신앙과 인생철학의 문제를 완전하게 해결해 줄 수 없으며 정신적인 것에 대한 사람들의 애착을 없애는 것도 불가능하다고 생각했다. 그렇지만 종교 신앙 자체도 과학의 진보와 시대의 발전에 따라 부단히 진보하기 때문에 이에 상응하는 '신 신앙'을 건립하는 것이 필요하다고 주장했다.

종교와 과학, 동서양 사상에 대한 비교 분석 후에 셰푸야는 철학적으로 '신유중론(新唯中論)'을 제시했다. 중국 전통 경전인 『중용(中庸)』의 사상을 중심으로 한 '유중론'은 인식론적으로는 다원론, 본체론적으로는 일원론, 가치론적으로는 '일재다중, 다재일중

(一在多中, 多在一中)'의 종합론의 입장을 견지하고 있다. 그는 서양 철학이 유물론이나 유심론의 어느 한쪽으로 치우친 것과는 달리 '유중론'은 중용의 도를 견지하는 것을 핵심으로 한다며 '유중론'의 세 가지 원리를 다음과 같이 설명했다. 첫째, 독립 자주의 중립원리(中立原理). 둘째, 본체론 상에서의 허심의 원리[虛衷原理]. 셋째, 양 끝단을 잡고 중용을 행하는[執兩用中] 종합원리. 유중론은 그가 동서양 사상을 비교하고 융합하여 새로운 시대의 철학을 정립하고자 하는 과정에서 만들어진 것으로 '중체서용'을 주장하는 보수파와 '전반서화'를 주장하는 진보파의 입장을 아우름과 동시에 양 극단을 초월한다는 점에서 매우 의미 있는 사상이라 할 수 있다.

4. 셰푸야와 『중국 윤리사상 ABC』

셰푸야의 학문적 업적에 대한 관심과 평가는 그동안 주로 기독교 철학이나 종교철학 방면에만 집중되어 있었다. 그렇지만 윤리학 분야에서의 업적도 결코 무시할 수 없다. 그는 『중국 윤리사상 ABC』(1929)를 시작으로 『인생철학』(1947), 『당대도덕철학』(1955), 『윤리학』(1959), 『인격교육론』(1972), 『윤리학신론(倫理學新論)』(1973) 등 윤리학 및 윤리사상 방면의 저서를 꾸준히 발표했다. 셰푸야의 학문적 지향점은 동서양 학문을 융합하여 새로운 사상을 만들어 내는 데 있었기 때문에 그의 사상에서 철학과 윤리학이

차지하고 있는 중요성은 매우 크다. 그가 종교철학이나 윤리학에 관심을 갖게 된 이유도 동서양 문화를 비교하고 각 문화의 특징을 파악하는 과정에서 서구 문화의 근원에 기독교 윤리가 있다는 것을 인식했기 때문이다.

셰푸야는 중국윤리학사의 명맥이 끊어진 것을 한탄하며, 중국윤리학사 연구에 뜻을 둔 사람들의 주의를 환기시키기 위해 『중국윤리사상 ABC』를 저술했다고 밝혔다. 그는 기존에 나온 차이위안페이와 미우라 도우사쿠의 중국 윤리사상사가 역사적, 종적인 서술 방법을 취한 것과는 달리, 수평적, 횡적인 서술 방법을 취해 윤리사상사를 저술했다. 그는 책에서 중국 윤리 사상의 특징과 변천, 천(天), 도(道), 성(性) 등 기본 개념을 서술한 후, 유가, 묵가, 도가, 신유가 등 네 학파의 윤리관을 중점적으로 소개했다.

그는 미국에 머무를 때 적지 않은 외국 학자들로부터 중국 윤리의 핵심이 무엇인지에 대해 수없이 질문을 받았다. 그때마다 동서양 윤리의 특징을 비교하고 서구의 관점에서 현대 중국 윤리가 지향해야 할 바를 분석 · 평가해야 할 필요성을 느꼈다. 그가 중국 윤리사상사 집필을 결심하게 된 계기는 미국 탐방 과정에서 동서양 문화의 차이를 인식하고 융합 가능성에 주목했기 때문이다. 셰푸야가 『중국 윤리사상 ABC』와 동시에 출간한 미국 탐방 기록인 『유미심흔(旅美心痕)』에 보면 동서양 문화와 윤리 관념의 차이에 대한 그의 생각이 잘 드러나 있다. 그는 중국인의 천성을 평탄하고 여유롭고 정의(情義)와 포용을 중시하며 '중용(中庸)'을 처세의 방침으로 삼는다고 소개한 반면, 미국인들은 활발하고 급진적이며 자유와 독립을 숭상하고 극단적인 측면이 있다고 보았다. 또한 "중국인의 윤리는 예(禮)에 기초하고, 미국인의 윤리는 사랑(愛)에 기초한다. 중국인의 부부관계는 정조(貞操)를 중시하지만, 미국인의 부부관계는 애정을 위주로 한다. 중국인은 인정(人情)을 강조하고 미국인은 질서를 수호한다. 중국인은 천리(天理)를 논하고 미국인은 법률을 중시한다."고도 하였다. 비유하자면 중국인은 잔잔한 호수와 같고 미국인은 파도가 몰아치는 바다와 같다고 할 수 있다.

그렇지만 동서양이 비슷한 점도 있다. 그는 윤리학의 최고 목적이 '사람'에 있다고 보았는데 이 점에서 보자면 동서양이 다를 바가 없다고 생각했다. 특히 중국 윤리의 정통 사상인 유교의 최고 이상인 '인(仁)'의 본질은 '하늘을 본받는 것(效法天)'인데, 이것은 성경에서 "하늘에 계신 너희 아버지의 온전하심과 같이 너희도 온전하라"(마태복음 5장 48절)는 예수님의 말씀과 취지가 대체적으로 부합하는 것이다. 물론 유교에서의 하늘과 기독교에서의 하늘이 같지는 않지만 유교에서 말하는 하늘의 함의도 시대에 따라 달라져왔기 때문에—"요순(堯舜) 이전에 천(天)이 곧 상제(上帝)였다면, 삼대(三代) 때는 천이 곧 온 백성이었다. 공자는 천을 생(生)으로 보았고, 증자(曾子)는 천이 곧 효(孝), 자사는 천이 성(誠), 정주(程朱)는 천이 리(理)라고 했다. 그리고 양명(陽明)에게 천은 양지(良知)였다."—언젠가는 동서양의 윤리가 하늘을 매개로 융합될 수 있을 것이라 생각했다.

셰푸야가 생활했던 시기의 중국은 수천 년간 지속되던 봉건왕조가 하루아침에 무너지고 서구의 학문과 사상이 봇물 터진 듯이 밀려들어 오던 때이다. 이로 인해 고유한 전통 윤리 사상이 동요하고 새로운 사상이 쏟아져 나왔다. 그렇지만 옛 사상은 여전히 권위를 가지고 있었으며 신사상은 기형적인 형태라서 제대로 뿌리를 내리지 못하고 있었다. 셰푸야는 중국의 병폐가 사리분별 없이 무조건 국수(國粹)를 보존하자고 주장하는 무리들과 과거로부터 내려온 것이라면 전부 폐기해야 한다고 주장하는 무리들에게서 기인한다고 보았다. 따라서 중국이 직면한 병폐를 해결하기 위해서는 우선 고유 사상이란 '무엇인지'와 '마땅히 어떠해야 하는지'를 논해야 하며 이를 위해 중국 윤리학사의 집필이 필요하다고 생각했다.

셰푸야는 『중국 윤리사상 ABC』에서 도덕에 관한 세 가지 기본 관점을 제시했다. 첫째, 도덕이 사람을 위해 존재하는 것이지 사람이 도덕을 위해 존재하는 것은 아니다. 둘째, 시대가 변함에 따라 도덕도 그에 맞춰 변한다. 셋째, 도덕은 인위적인 것이지 하늘이 정한 것이 아니다. 그렇다면 변화하는 시대에 발맞추어 어떻게 도덕을 개조해야 하는가? 도덕을 개조하는 데 있어 가장 시급한 일은 기존의 도덕을 분석하고 비판하는 것이다. 즉 (一) 완전히 폐기해야 할 것은 무엇인가? (二) 마땅히 고쳐야 할 것은 무엇인가? (三) 무엇을 보존하고 발전시켜야 하는가? 이러한 세 부분에 대한 분석과 비판이 선행되어야 새로운 도덕을 건립할 수 있는 것이다.

셰푸야가 보기에 서양 윤리와 중국 고유의 전통 도덕과의 충돌은 서구 문화와 학문이 전래된 이래 한 번도 멈춘 적이 없으며 어떤 부분은 이미 중국 윤리의 한 부분이 되었다. 그렇지만 이런 과정에서 중국 윤리의 근본은 거의 변하지 않았다. 그리고 이러한 윤리의 근본은 엄청난 국가적 변동이나 변화가 없는 한, 앞으로도 영원히 바뀌거나 사라지지 않을 것이다. 그렇다면 그가 말하는 윤리의 근본이란 무엇인가? 『중국 윤리사상 ABC』에 따르면 그것은 신비적이거나 이론적인 것을 지양하는 실천주의, 개인주의를 지양하는 가족 중심주의, 삶의 본질에 대해 논하는 대신 수양 방법을 중시하는 것이다. 아울러 셰푸야는 전통 윤리 사상 가운데 보존해야 할 것으로 도가 사상 가운데 관습에 반항하는 기백, 유가 사상 가운데 우주와 합일하는 기개, 묵가 사상 가운데 실시구시(實事求是)의 정신을 들었는데, 이것은 용(勇), 인(仁), 지(智)로 표현될 수 있다. 그가 말한 윤리의 근본과 보존해야 할 덕목을 통해 볼 때 셰푸야의 의도가 동서고금의 윤리사상을 융합하여 중국에 맞는 새로운 문화를 창조해 내는 데 있다는 것을 짐작해 볼 수 있다.

셰푸야가 『중국 윤리사상 ABC』를 저술했던 때는 대전환의 시기로 새로운 가정과 새로운 국가, 새로운 사회가 막 출현하던 시기이다. 따라서 그는 사회적 혼란과 논쟁을 정리 · 연구하고 교정 · 보완함으로써 사람들이 고통스런 과거의 경험을 떨쳐내고 새로운 생활방식을 만들어 내도록 하는 것이 자신이 짊어져야 할 시대적 책무라고 생각했다. 신중국 건립 이후 적지 않은 중국 윤리학사 저작들이 출간되어 나왔지만,[8] 전통 가치관이 동요하고 새로운 가치관이 아직 세워지지 않아 사람들이 방황하고 있을 때 중국인들에게 가치 판단의 기준을 제공해 주었다는 점에서 셰푸야의『중국 윤리사상 ABC』는 학술사적으로 큰 의미가 있다.

5. 셰푸야의 저서(출간순)

『基督教青年會原理』, 上海：青年協會書局, 1922.

『新時代的信仰：宗教與人生問題討論課本』, 上海：青年協會書局, 1925.

『中國倫理思想ABC』, 上海：世界出版社, 1929.

『基督教對今日中國底使命』, 上海：青年協會書局, 1935.

『被壓迫者的福音』, 香港：青年協會書局, 1938.

『丁立美牧師紀念册』, 上海：廣學會, 1939.

---

8) 1980년대 이후 중국 대륙에서 출간된 주요 중국 윤리학사 저서로는 대략 다음과 같은 것들이 있다. 張錫勤 · 饒良倫 · 楊忠文編著,『中國近現代倫理思想史』, 黑龍江人民出版社, 1984年; 姜法曾著,『中國倫理學史略』, 中華書局, 1991年; 陳少峰著,『中國倫理學史』, 北京大學出版社, 1997年; 陳瑛主編,『中國倫理思想史』, 湖南教育出版社, 2002年; 沈善洪 · 王鳳賢著,『中國倫理思想史』, 人民出版社, 2005年; 羅國傑主編著,『中國倫理思想史』, 中國人民大學出版社, 2008年; 朱貽庭著,『中國傳統倫理思想史』, 華東師範大學出版社, 2009年; 溫克勤著,『中國倫理思想簡史』, 社會科學文獻出版社, 2013年; 陳少峰著,『中國倫理學史新編』, 北京大學出版社, 2013年.

『基督教與現代思想』, 上海 : 青年協會書局, 1941.

『人生哲學』, 上海 : 正中書局, 1947.

『學校生活』, 香港 : 庚寅出版社, 1950.

『中國政治思想史綱』, 台北 : 正中書局, 1954.

『當代道德哲學』, 香港 : 亞洲出版社, 1955.

『中國文史述評』, 香港 : 太平洋圖書公司, 1957.

『倫理學』, 香港 : 孟氏教育基金會, 1959.

『宗教哲學』, 香港 : 圖鴻印刷公司, 1959.

『個性,偏性與眾性 : 中國固有文化及現代化之檢討』, 香港 : 出版社不詳, 1962.

『基督教與中國』, 香港 : 中華基督徒送書會, 1965.

『中國三教的共同本質』, 香港 : 基督教中國文化研究社, 1966.

『唯中論集』, 台北 : 台灣商務印書館, 1969.

『巨流點滴』, 香港 : 基督教文藝出版社, 1970.

『自有耶穌以來』, 香港 : 基督教文藝出版社, 1970.

『基督教與中國思想』, 香港 : 基督教文藝出版社, 1971.

『人格教育論』, 台北 : 西南出版者, 1972.

『倫理學新論』, 台北 : 台灣商務印書館, 1973.

『顧子仁與學運』, 香港 : 基督教文藝出版社, 1973.

『南華小住山房文集』, 香港 : 南天書業出版公司, 1974.

『謝扶雅晚年文錄』, 台北 : 傳記文學出版社, 1977.

『我的四書生活』, 香港 : 道聲出版社, 1978.

『生之回味』, 香港：道聲出版社, 1979.

『周易論集』, 台北：東海大學出版者, 1984.

『中庸與道理：中西歷史哲學比論』, 香港: 香港浸會學院教學發展中心, 1986.

『謝扶雅晚年基督教思想論集』, 香港：基督教文藝出版社, 1986.

『望百年紀要－兩個轉向, 一個過渡, 三過高潮』, 香港：出版社不詳, 1987.

『謝扶雅教授百齡詩文集』, 香港：基督教中國宗教文化研究社, 1991.

『自辮子至電子：謝扶雅百年生平紀略』, 香港：基督教文藝出版社, 1992.

『嚶嚶集：九九盲叟(歲次庚午)』, 香港：香港浸會學院教學發展中心, 1996.

찾아보기

지은이 **셰푸야**(謝扶雅, 1892-1991)

중국 근현대 시기의 철학자, 문학자, 기독교 사상가. 어려서 전통 경전 교육을 받았으며 젊은 시절 일본에서 유학했다. 후에 미국 시카고대, 하버드대 등에서 공부했으며 중국으로 돌아와 여러 대학에서 교수로 재직했다. 윤리학, 불교, 기독교 사상에 조예가 깊었으며 저서로는 『인생철학』, 『도덕철학』, 『중국윤리사상술요』, 『종교철학』, 『기독교와 중국사상』, 『칸트의 도덕철학』 등이 있다.

옮긴이 **한성구**

성균관대학교 동양철학과를 졸업하고 중국 베이징대학 철학과에서 석박사 학위를 받았다. 현재 단국대학교 일본연구소 HK+연구교수로 재직중이다. 저서로는 『생태미학과 동양철학』(공저), 『전통 인성교육이 해답이다』(공저), 『중국 6세대 영화, 삶의 진실을 말하다』(공저) 등이 있으며 역서로는 『송나라 식탁 기행』, 『과학과 인생관』이 있다.